U0008227

GOBOOKS & SITAK GROUP©

New window 新視野219

笑史！
了不起的古希臘

王冬妮——著

高寶書版集團

斯巴达
雅典

伊利亞特

黑海
OXI
波斯帝国
埃及
阿拉伯
红海

目錄

Chpater 2 四海戰歌

天地怒火

英雄之路

要麼寂寞

目錄

Chpater 4 歷史的開啟

目錄

目錄

引子

我是一個很有趣的人。按常理似乎不應該一上來就這麼高調地介紹自己，但本著實事求是的態度，這的確是我最為突出的品質。

轉眼在這世上活了那麼多年，我一直沉浸在有趣的事情中，其中耗時最久的便是對古希臘的探索。對於這個選擇，我始終引以為傲，不瞭解的人根本無法想像古希臘何其有趣！本來自己開心也就罷了，奈何世道艱辛，逼得本人只得將心頭寶拿出來分享，順帶兜售套現，貼補生活所需。

既然出來賣藝，那就說一下這本書到底有何獨特之處，值得大家來捧個場。

這一切還要從最初接觸古希臘那一剎那說起。當年倚仗小小天資和上天垂青，我進了一所很厲害的大學，可我非但沒有感恩戴德，入學後仍對讀書這件事頗為不屑，誰讓課堂上的東西沒有一樣能打動我。

百無聊賴中，我神使鬼差地選了「古希臘文明」這門課，並開始隨手閱覽課堂讀物。誰知一看就怔住了：原來世界上還有這麼有趣的一群人，幹了這麼有趣的一些事！那感覺就像被高人開光，眼前流光溢彩，耳邊仙樂裊裊，周身氣血通暢。

被驚豔到的我畢業後義無反顧地去讀了個虐人指數空前的古典學博士，不為別的，只為將自己喜歡的東西研究清楚。

出於這樣一份初心，我絕不會讓古希臘文明在我筆下損失一分一毫的鮮活和趣味。如果如此出彩的題材被寫成一本讓人昏昏欲睡的書，那我還有什麼顏面去見地中海父老？

更何況愛琴海的這群人雖然第一眼看上去有些奇葩，和華夏民族相差不止十萬八千里（這既是比喻，也是事實），他們身上的故事卻跌宕起伏、扣人心弦，讓接觸過的人無不為之傾倒。

然而，真正優秀的歷史不但要引人入勝，還要有哲理和思考。

長久以來，古希臘被視為現代歐洲文明的起源，一直被全世界的人頂禮膜拜，這絕非偶然。

早在兩千五百多年前，古希臘就為西方的哲學、政治、藝術和文學等多個領域樹立了一套至今仍被奉為經典的規範和標準。與此同時，從十八世紀開始不斷積累的學術成果大規模地填補了我們對這個古老文明認知上的空白。其中涉及的各種知識非常有價值，但在這裡，它們不會以枯燥沉悶的教科書形式出現，而是潤物細無聲地穿插在流暢的敘事中。

最後，如若這短短兩百多頁文字不僅能打動和吸引讀者，還能通過解讀古希臘人的政治理想而引發對當今社會全新的洞察和審視，那作者便是功德圓滿，稱心如意了。

如此聲勢浩大的廣告就此打住。言歸正傳，古希臘文明之旅即將起航。

Chpater 1

上古演義

傳奇之初

1 不一樣的運動會

精彩無比的古希臘要從神話開始講起。

在最初的記憶裡，神界與人類的命運緊密糾纏，而一切都發生在「遙遠的過去」，也就是年代記錄出現之前。這是什麼概念呢？古希臘最悠久的歷史事件是在奧林匹亞舉辦的一場運動賽會，日期為西元前（耶穌誕生前）七七六年。以此推算，神話的時代至少遠早於此年（有學者認為限於西元前十一世紀到前九世紀的「黑暗時代」，也有的追溯到更早的青銅時期）。我們不妨想一下，那些在過去兩百年裡風頭正勁的歐洲人，比如德國人、英國人、法國人，在西元前八世紀都在做什麼呢？準確的答案是這些民族根本還未誕生，天曉得他們四處遊蕩的祖先是在野地裡採蘑菇，還是在天空下數星星。

總之，當西方其他族群還沒有在史書裡留下痕跡時，古希臘人就在西元前七七六年搞出了第一件大事：一場有組織、有紀律的短跑比賽。

那一年，一群來自不同地域的少年快樂地聚集在希臘西部的奧林匹亞聖地。他們光著腳，打著赤膊，在寬廣的平地上瘋狂賽跑。遠遠望去，烈日下那些矯捷的身軀有如移動的黑點，輕盈又優美。嗨翻了後，大家意猶未盡，決定以後這項活動每四年都要舉辦一次。慢慢地，比賽項目從原來的兩百公尺賽跑增加到拳擊、擲鐵餅、戰車比賽等，此外還有文藝類的唱歌、樂器和詩朗誦。有一年，一位短跑選手因為太熱，把自己身上唯一遮擋私處的短布當眾扯掉，來了個徹底的裸奔——結果獲得了第一名。從此以後，古希臘人在競技時都赤身裸體。對他們來說，擁有健壯體格和古銅色皮膚的男子是美的象徵，正好可以大方地展示。相比之下，只在海灘秀身材、拗造型的我們還是太保守了。不過裸體不是重點，讓人訝異的是參賽者不遠千里前來共襄盛舉，既不是為了獲得巨額獎金，也不是迫於來自集體的壓力，因為冠軍的獎品只不過是一只橄欖冠，而後來代表國家的城邦在當時尚屬雛形。他們對這項活動充滿熱情，這完全源自對相互切磋和展現自我的強烈渴望。這些酷愛運動的青年才俊在賽場上互不相讓，但又遵守著平等友好的原則，演繹了最經典的奧林匹克精神。相比之下，和希臘隔海之遙，位於地中海南部的古埃及，遺留給後世的是千萬名奴隸建造的金字塔；而在希臘以東，橫跨兩河流域的波斯帝國，流傳後世的是為統治者歌功頌德的石碑與宮殿。當其他文明靠威權和武力彪炳史冊時，只有古希臘人僅僅因為「沉迷於賽事」，也能名垂青史，你說厲害不厲害？

2 誰是宙斯？

一個既非政府組織，又無企業贊助的民間活動能辦得那麼有聲有色，與信仰是分不開的。據說希臘人為了紀念天帝宙斯（Zeus）擊敗自己的父王，才創建了神聖的奧林匹克賽會。對神靈的敬畏和對英雄的崇拜自然而然地提高了世人的覺悟，並規範了他們的行為。剛剛提到的宙斯，就是六界的核心。傳說中，世界萬物一開始處於混沌和紛爭的狀態，直到宙斯統治下，人類才開始蓬勃發展，文明才變得井然有序。

那麼，宙斯到底是何方神聖？作為眾神之首、天庭之王，宙斯的早期經歷也頗為曲折，可以說是演繹了一出從苦孩子到成功人士的勵志戲碼。為何宙斯童年不幸？在中國傳統文化中，父權人物被設定為仁愛無私的典範，如堯、舜、禹、湯；但古希臘正好相反，在上古階段，掌控天下的一家之首昏庸殘暴，肆意殘害下一代。宙斯的爺爺和爸爸就是這方面的「傑出」代表，害得宙斯這個「王三代」非但沒辦法在大樹下乘涼，還要靠一己之力披荊斬棘，絕處逢生。這位白手起家的大神是如何坐穩天下，擺脫祖上為父不仁、為君不義的傳統的，且讓我們往下看。

3 開天闢地

最初，宇宙萬物還只是一個空蕩蕩的巨大黑洞（稱為Chaos，但這個詞與後來英文的「混亂」不太一樣）。大地之母蓋婭最先誕生，緊接著便是愛欲之神和深處地下、遠離日光的九重地。一日，蓋婭一鼓作氣，生下穹蒼和四海，還有黑夜和死亡、白日、痛苦、睡眠、命運三女神等（古希臘的許多神靈都代表抽象概念）。穹蒼和四海後來變成了大地之母蓋婭的伴侶（當時就那麼幾個神，所以也顧不上亂倫的大忌）。就這樣，天與地、地與海互相結合，繁衍了一大堆孩子，讓宇宙變得熱鬧起來。其中來自蓋婭與穹蒼的後代裡，第一批為十二個泰坦（Titan），共有六男六女，接下來的一代為六個怪獸，分別是三個獨眼巨人和三個百臂巨人（要知道，近親結婚生下畸形兒的機率很大）。

穹蒼非常不待見自己的骨肉，特別是外形奇特的怪獸，於是他強行壓在妻子身上終日求歡，將最小的六個孩子堵在九重地的最深處，不讓他們「出生」。大地之母因體內被塞滿，終日痛苦不堪，呻吟哀叫。她懇請自己的兒女對穹蒼採取行動，但所有泰坦都懼怕天神的淫威，唯有最小的克洛諾斯（Kronos）敢於出頭。於是在一個醞釀已久的計畫中，他趁父母親熱之際，用鐮刀割去了穹蒼的男性器官。這剛猛的一刀揮下之後，天和地才得以分開，年輕一輩終於「落地」，接觸到陽光和空氣。有人可能會說，這豈不與盤古的開天闢地大同小異，有什麼了不起的？您放心，相似之處僅此而已。對比起來，古希臘各位大神花式作妖、惹是生非的指數可以說完爆中國一干慈眉善目的神仙，不信就繼續看。

4 又來一惡爹

這樣一來，照理說大家終於可以過上好日子，天下也就太平了。然而，基因還是很強大的，新一任泰坦領袖克洛諾斯在取代父親後竟重蹈覆轍。因為有預言說他的位置也會被後代取代，於是克洛諾斯在娶了姊姊瑞亞後，又開始暗算自己的孩子。可以說，古希臘的天君個個都是實力坑。但神的孩子終歸也是神，有不死之身，所以如何對付自己的後代讓克洛諾斯頗傷腦筋。此君想出的辦法簡單粗暴，就是將剛出生的孩子直接吞入腹中，野蠻程度與其父相比有過之而無不及。中國有「虎毒不食子」的諺語，卻被古希臘生生地打臉了。

哪裡有壓迫，哪裡就有反抗。待最小的兒子宙斯出生之後，瑞亞終於想出了一條計策：將石頭裹塊布代替宙斯讓克洛諾斯吞下，糊弄過關——竟然還得手了。在這個細節上，可以看出克洛諾斯要麼眼力太差，要麼智商堪憂（吃貨們請共勉之），可強行吞食後代的做法終有隱患。真正的宙斯被偷偷送到克里特島上，藏在一個山洞裡，由當地的神女用山羊的奶精心餵養。為了掩蓋嬰兒宙斯的哭鬧聲，克里特島的山神們還不分晝夜地跳起了喧鬧的戰舞。在眾人的幫助下，宙斯不但僥倖存活下來，還最終一統天下。看來「天將降大任於斯人也，必先苦其心志，勞其筋骨，餓其體膚」這句話在任何地方都適用，包括地中海。

5 新人新氣象

宙斯長大成人後，向睿智之神討教如何對付自己的父親。在這一點上，可以看出宙斯是最早懂得「知識就是力量」的典範，與他那只會使用蠻力、熱衷家暴的爸爸克洛諾斯和爺爺穹蒼截然不同。睿智之神給了宙斯一劑靈藥，克洛諾斯被騙喝下後（我們在前面已經見識過這位天君的智商），頓時胃裡翻江倒海，不由自主地將腹中的子女全數吐了出來。宙斯的哥哥姊姊們就這樣重獲自由。他們馬上團結起來，組成復仇者聯盟，向上一輩泰坦族開戰。但是泰坦族神多勢眾，且法力過人，所以這一仗打了十年也難分勝負。最後大地之母、當年飽受欺壓的蓋婭，同時也是宙斯的奶奶，吐露了一個預言：如果宙斯能從九重地把他的巨人舅舅們救出來，便能戰勝泰坦族。宙斯聽從了這個建議，殺死關押巨人們的守衛，將他們釋放。獨眼巨人感念其恩，為宙斯打造了一副雷霆劈，給他二哥海神波賽頓（Poseidon）配置了一個三叉戟，給大哥黑帝斯（Hades）設計了一頂隱形帽。這樣一來，宙斯左一下閃電，右一下霹雷，波賽頓手持三叉戟，上下揮舞，黑帝斯戴著隱形帽，神出鬼沒，把泰坦神給搞懵了。在宙斯團隊獲得壓倒性的科技優勢後，這場僵持了十年的戰爭終於落下帷幕。這下輪到宙斯下令將落敗的泰坦族關押，由百臂巨人看管。於是在以後的古希臘神話裡，泰坦族戲份正式殺青。

在神話的初期，我們就已經可以看到中西文化出發點的不同。中國文化思考的是如何做忠臣和孝子，而古希臘神話展示的卻是君主無德、家長殘暴。因此，弒君殺父在中國是大逆不道的行為，但在古希臘卻是改善社會秩序的有效手段，也就是所謂的「造反有理，革命無罪」。於是產生了一個有趣的現象：儘管希臘神話毫不避諱爭鬥、暴力和情欲，也不特別強調社會團結、家庭和睦，可在它洗禮下的古希臘社會非但沒有禮崩樂壞，反而建立起一套充滿人性的制度和法律。

宙斯和泰坦族的這場戰役結束後，宇宙秩序在這個第三任天君的統治下基本穩定下來。想想這個少年一出生就險些殞命，虧得神女用山羊的奶餵養才存活下來，接下來苦戰十年，靠老祖母的一句提示才戰勝敵人。但宙斯能逆天改命，最重要的還是得益於他自身的優點。他從善如流，尊重知識，善用計謀，才成功登上了天君的寶座。

欲知宙斯如何鞏固自己的王位，而不重複父輩的悲劇，請看下回分解。

一統天下

1 宙斯的合夥人

宙斯打敗對手後，完全可以排擠功臣，唯我獨尊。歸根結底，他確實是憑實力奪取了天下，積攢了可以囂張的資本。難能可貴的是，宙斯與他的爸爸和爺爺不同，他並沒有走上這條唯我獨尊的老路。宙斯治理世間的特色在於懂得協商妥協和分享權力。他上臺後立刻將重要封地歸到他的兩個哥哥——黑帝斯和波賽頓名下。宙斯分配疆域的方法也很公平：他將世界一分為三，然後通過抽籤決定其歸屬。大哥黑帝斯抽到九重地成了冥王，二哥波賽頓獲得大海成了海王，宙斯則贏取天空成了天君（當然，在很多傳說中，波賽頓常常庇佑反面人物，所以此君的形象有一定損失，黑帝斯由於掌管陰間，因此沾染了陰氣，所以還是宙斯最具主角光環）。除此之外，宙斯的好幾個子女也與父親一起掌管天下。在他們當中，除了冥王黑帝斯長期棲息地下外，其餘都居住在位於希臘北部、高聳入雲的奧林帕斯山上，因他們共十二位，故被世人敬稱為奧林帕斯十二天神。

2 天君的另一半

希拉（Hera）是宙斯的姊姊，同時也是天君的官配——這個長姊為妻的傳統一時還丟不掉。拋開亂倫這點，兩人可以說是門當戶對。希拉的主要職責是婚姻和家庭，然而諷刺的是，她的丈夫風流成性，善用強大的法力逼迫其他女子就範，所以母儀天下的希拉一點也不幸福。據記載，為了接近渾然不知的美女，宙斯有一次化身為一頭天真無邪的野牛，還有一次變成一隻高冷美麗的天鵝，然後都是趁目標不備之時將其擄走。在《荷馬史詩》中，宙斯有一次和希拉躺在床上時，把他曾經的豔遇對象公然回憶了一遍，然後信誓旦旦地說，他對她們的喜歡程度遠遠比不上對老婆的濃濃愛意（求希拉此時的心理陰影面積）！宙斯和希拉的關係時常劍拔弩張，貴為天后的希拉也不得不經常上演手撕小三的戲碼，也不管別人是主動勾引還是無辜受害。

需要指明的是，儘管古希臘男權盛行，但在法理上自始至終只承認一夫一妻，所以每次宙斯被老婆察覺到出軌時，都會惱羞成怒，氣急敗壞，因他自知理虧。這與中國古代的情況又有不同：中國古代男子可以光明正大地擁有三妻四妾。為了贏得丈夫的歡心，女人們只能在暗地鉤心鬥角，但卻得不到輿論上的公開支持。另一方面，不管宙斯在婚姻上如何不忠，希拉作為天后也不是吃閒飯的。比如在希臘與特洛伊的戰爭中，她堅定地站在希臘這一邊，與天君對著幹，結果最終希臘人勝出，可見希拉的權勢不容小覷。

3 四季的由來

接下來我們要講的是宙斯的另一個姊姊狄蜜特（Demeter）。在泰坦戰敗後，身為泰坦族的大地之母瑞亞就此退位，由狄蜜特接管所有有關土地的事務。狄蜜特有個女兒叫波瑟芬妮（Persephone），長得花容月貌，被冥王黑帝斯一眼相中。黑帝斯平時宅在地下，不太出來走動，即便出訪人間，也會戴上隱形帽，因為他的模樣在大白天能嚇死人。黑帝斯掌管了九重地後，將其用來接收所有亡靈。死去的人來到這個黑暗的冥間都要接受審判，然後渡過一條河，把前身徹底忘卻——這個過程有如喝下中國傳說中的孟婆湯。黑帝斯偶然出遊地上，竟對波瑟芬妮一見鍾情。可惜她和大多數古希臘女神一樣，走的是禁欲路線，再加上冥王面貌陰森，又是鋼鐵直男，兩人之間沒有半點火花。

黑帝斯可不會輕易放棄。他的對策就是直接把波瑟芬妮拐跑，這粗魯的做派和他的天君老弟宙斯如出一轍！可憐的波瑟芬妮被帶到幽深的冥間後，從此與媽媽天地兩隔。母女連心，狄蜜特這下抓狂了，四處瘋狂地尋找女兒，不再滋潤土地、看護植物。據一個傳說記載，她流浪到了一戶凡人家庭，照看其幼子。白天，她是名普通的保姆；晚上，她關起門來用聖火逐步燒掉小男孩的凡人肉身，讓他不朽。但有一次不巧被女主人撞到了，一下子前功盡棄，壞了大事。所以，看起來神神秘秘的中年婦女切記不可小看，說不定她們就是身懷絕技的高人。

在狄蜜特出走一陣子後，宙斯終於出面了。草木糧食不長的後果是災難性的。如果人類都餓死，神靈就得不到祭祀，也要餓肚子。於是，宙斯和黑帝斯商量妥協之策，冥王不得不給天君一個面子，同意放波瑟芬妮回去，但地府有一個不成文的規定：但凡碰了那裡食物的人都永世不得離開。波瑟芬妮雖然對男性無感，無奈卻是個吃貨，在地下看到一個鮮美欲滴的石榴，就忍不住偷偷品嚐了幾口。這幾顆石榴籽下肚之後，狄蜜特奪回女兒的計畫就此泡湯。最後，還是宙斯制定出一個折中方案，讓波瑟芬妮大半年在地上陪伴母親，剩下的時間在九重地做冥王的妻子。如此人間便有了四季：當波瑟芬妮不在母親身邊時，萬物凋零；當她回來後，萬物復甦。藉由這類解說，希臘人在大自然與性格鮮明、情感豐富的神靈之間建立了緊密的紐帶。反倒是中國的「天」，所謂「天若有情天易老」「天道無常」，總讓人覺得有些變幻無常，難以捉摸。因此可見，西方思維比較抽象和理論化這一說法在歷史早期未必站得住腳。

4 神奇的海沫

接下來介紹的是愛神阿芙蘿黛蒂（Aphrodite）。世上不少宗教都排斥美色和愛欲，但在古希臘的文化裡，愛神的地位卻出奇地高，非但與一干神仙平起平坐，而且還冠冕堂皇地受世人朝拜。阿芙蘿黛蒂的出生也十分獨特：當年克洛諾斯一鐮將老爸的私處割掉，鮮血流入大海而產生白色泡沫，就演化成了愛神。這麼看，阿芙蘿黛蒂其實資格很老，在宙斯誕生之前就已現世，可見愛欲是多麼不可或缺。有一部叫《希波呂托斯》的悲劇，出自古希臘著名的三大悲劇大師之一歐里比底斯，凸顯的就是阿芙蘿黛蒂的霸氣。男主角希波呂托斯是走禁欲路線的高冷王子，發誓要終身追隨守身如玉的女神阿蒂蜜絲（Artemis），與她一同在叢林中以打獵為生，遠離世俗，抵制情欲。這可惹怒了愛神，於是她設計讓王子的後媽愛上了他。事情暴露後，後媽選擇自殺，死前留下一封遺書，反誣王子輕薄她。國王看到這封信後，震怒不已，將自己的兒子詛咒而死，上演了一出十足的古希臘悲劇。可見，愛欲的力量不能小看，強行禁欲也無善果。

5 了不起的下一代

講完宙斯的同輩和前輩，接下來介紹他的眾多子女。宙斯和妻子希拉生了一個兒子叫阿瑞斯（Ares），他是戰神，更是徹徹底底的戰魔。此君一聽到鼓角爭鳴就熱血沸騰，看到兵刃相接就精神亢奮。據說阿瑞斯盔甲從不離身，連睡覺都穿著，唯恐錯過突發戰事。更誇張的是，阿瑞斯有時還交替參加兩邊陣營，只為能多打幾下。有一次，宙斯被無休止的戰亂逼瘋，大罵這個孽子嗜血好鬥，在神界裡最十惡不赦。說是這麼說，但武鬥對希臘男人有致命的誘惑，若想讓這個根深蒂固的傳統徹底消失，恐怕連眾神之父也無能為力。

天帝和天后還有一個兒子叫赫菲斯托斯（Hephaestus）。與高大威武的戰神哥哥不同，赫菲斯托斯天生是個殘疾。由此看來，「龍生九子，品行各異」這話的確不虛。據說赫菲斯托斯出生後，希拉對這個有缺陷的兒子十分嫌棄，於是一狠心將他從高聳的奧林帕斯山上扔了下來。但神的兒子既不會死也不會傷，於是剛蹣跚學步的赫菲斯托斯在山下狼狽地站起來，自己跌跌撞撞走回山頂。試想這個嬰兒當時的心情該是何等淒涼：一生下來就爹不疼，娘嫌棄。神仙也並非一帆風順啊。這個坎坷的身世或許對赫菲斯托斯的職業選擇產生了重大影響。為了出人頭地，他拚命狂學技能，將畢生精力投入打鐵和手工業。雖說這行當聽上去有點俗，但是「工欲善其事，必先利其器」，各界中常有人來請赫菲斯托斯製造兵器或法寶，工匠和手工藝人更是尊他為鐵神。靠日積月累的踏實苦幹，赫菲斯托斯廣結善緣，香火旺盛，開創出一番天地，其風頭甚至要壓過其他神仙。最有意思的是，他的妻子正是傾國傾城的愛神阿芙蘿黛蒂。婚後，阿芙蘿黛蒂趁鐵匠外出做工之際，與大伯阿瑞斯勾搭上了。用一句流行的話來說就是「扎心了，老鐵」。既然大家都是神仙，赫菲斯托斯奈何不了自己的哥哥，便想出個主意，給他們一點教訓。在下一次外出前，他在床上設下埋伏，當阿芙蘿黛蒂和阿瑞斯又一次忘我激情時，機關突然啟動，將兩個衣冠不整的男女牢牢鎖在了床上。接著諸神被請來參觀這個「出軌門」的真人現場，大家對這二人極盡嘲笑和謾罵，這可真是「工匠妻，不可欺」。

接著要講的是雅典娜（Athena）。雅典娜的出生更不同尋常，她並非從母親腹中孕育而生，而是直接從宙斯的頭顱裡蹦出。她一出世就穿戴著全副盔甲和戰袍，讓天君對這個英姿颯爽的女兒刮目相看。雅典娜掌管的是戰爭、智慧和手工業（最後一點搶了赫菲斯托斯的飯碗）。她在《荷馬史詩》裡舉足輕重，經常是各路英雄的神助攻。最重要的是她跟雅典的淵源——雅典之名就是源於她的名諱。如果在選擇庇護哪個城邦上也講點運氣的話，雅典娜就等於中了頭彩。在後期歷史（西元前四八〇～前三二三年的古典時期），雅典稱霸一方、光芒萬丈，搞出了一個前無古人、激動死後人的民主制度。不但如此，雅典在軍事、經濟上均出類拔萃，在文史哲方面更是無情吊打鄰邦。這幾年經常有學者言之鑿鑿地稱要在古希臘研究中擺脫雅典中心主義，可是百分之九十以上的史料出自雅典人或與雅典有關之人，所以口號喊得再響也只能是喊喊。因為這個特殊關係，雅典娜在古希臘的地位更加非比尋常。

6 難搞的雙胞胎

最後，讓我們來介紹一下阿波羅（Apollo）和阿蒂蜜絲。這兩人是一對龍鳳胎，母親是宙斯眾多女友之一的勒托。勒托懷上他們時，因為遭受希拉的迫害而無處安身，最終流落到了提洛島。雖在娘胎裡就顛沛流離，但這並不影響阿波羅的不同凡響：據說他出生後奶都不喝，只飲了幾口仙水，便躍出繈褓，外出打拚事業去了。最初，阿波羅高調地向古琴表白，稱其為一生摯愛，於是就成了音樂之神。不久，他又決定向人類傳達神界的旨意，為此，他在被視為宇宙肚臍、萬物中心的德爾斐這塊風水寶地設立了自己的神諭所。那裡的一個說話模棱兩可的老太婆被任命為他的專屬女祭司。女祭司顯靈時威武地坐在一個矮胖的三角凳上，開口前先吸入地縫中飄出的「仙氣」（考古學家認為那是含有乙烯的地下氣體），然後開始神情恍惚地吐露一些似是而非的「天機」。

在接下來很長一段時間裡，德爾斐的阿波羅女祭司備受推崇，成了千里之外的外國權貴通靈品牌。古希臘大大小小的城邦，有名無名的人物，都專程派人去那裡占卜問卦，排憂解惑。就憑這一點，阿波羅就頻繁出現在歷史記載裡。可但凡搞藝術的都有點難伺候，這位太陽神兼樂神也不例外，他自命清高，脾氣暴躁。比如，有一位希臘王后，膝下有七子七女，因此得意忘形，炫耀自己比阿波羅和阿蒂蜜絲的母親勒托還有福。結果，這對擅長射箭的雙胞胎舉起閃亮的銀弓，阿波羅對著她的兒子們，阿蒂蜜絲對著她的女兒們，各發七箭，瞬間將所有孩子在他們的母親眼前全部射死。由此可見，千萬不要惹這對雙胞胎。當然，奧林帕斯天神裡任何一個都不能得罪。不幸的是，這十二位大佬的興趣、想法和愛好都不盡相同。要如何做才能誰都不觸犯，可是凡夫俗子面臨的一大難題。

7 權力的限制

由於篇幅所限，這十二位天神的故事無法一一敘述，感興趣的讀者可以自己找書來補充。總之，神界並無一個特定等級制度來鞏固特權，也沒有下屬、侍衛或軍隊來強行執行命令。當神仙們意見不合時，需靠個人的能力，也就是憑自己的本事和威望來說服對方。

就連作為天庭之主宙斯的權勢也受限制。當眾神聯手對抗他時，宙斯也討不到多少好處。《荷馬史詩》中就記載了這麼一則故事：希拉、波賽頓和雅典娜因對宙斯不滿，把他抓起來用鐵鍊鎖上，幸好神女忒提斯（Thetis）將其解救。另外，無論宙斯的神力多麼強大，也扭不過命運三姊妹，因為她們最終決定歷史。從以上例子中，我們可以看出，儘管宙斯的頭銜最大，擁有讓宇宙萬物都懼怕的雷和閃電，也不能為所欲為。因為權力的限制，神界裡的衝突和中國的宮鬥不一樣。希臘神話中的諸神拚的不是鐵腕和心機，而是才能和號召力。一旦有利益衝突，要麼靠公平競爭來裁奪，比如雅典娜和波賽頓為誰來做雅典城的守護神而進行的公開競爭；要麼通過多方商討和投票來決定，比如眾神對俄瑞斯忒斯殺害自己生母是否有罪的集體審判。在《伊利亞德》和《奧德賽》裡，各路神仙就是因為到底讓希臘還是特洛伊勝出，或到底放不放奧德修斯（Odysseus）回家而無法達成共識，才引申出無數跌宕起伏的篇章。那麼，這些惹不起的大神是怎樣攪弄風雲，挑起希臘和特洛伊兩地的深仇大恨的，請看下回分曉。

大戰前夕

1 被算計的婚禮

奧林帕斯十二天神封神後不久發生了一件大事：希臘和特洛伊之間的生死大戰。神話將這場歷時十年、死傷無數的爭鬥歸罪於一場婚禮：當時的新娘是神女忒提斯。此女可不簡單，曾親自解救過宙斯，還被他看上。有預言稱，她所生之子會超越其父。這讓宙斯膽戰心驚，因為他的爺爺和爸爸都被自家兒子拉下馬，前車之鑒歷歷在目，怎能讓天君無所顧忌。所以儘管忒提斯貌美如花、傾國傾城，但為防不測，宙斯還是忍痛割愛，硬把她下嫁給了凡人珀琉斯（Peleus），一個統治希臘北部塞薩利的國王。

照理說這場聯姻消除了對宙斯的潛在威脅，替四海八荒剷除了不穩定因素，理應普天同慶，人神共賀，但新娘和新郎唯獨沒請不和女神厄莉絲（Eris）前來參加婚禮。試想一下，誰願意自己婚後的日子矛盾不斷？可俗話說，「是福不是禍，是禍躲不過」，厄莉絲為此懷恨在心，將一個刻著「專屬六界最美」的金蘋果擲到了宴會上。不得不說，這個製造爭端的伎倆的確立竿見影。愛神阿芙蘿黛蒂、智慧之神雅典娜和天后希拉看見後立即跳出來，都說這個金蘋果屬於自己。

三位女神針鋒相對，互不相讓，眼看就要兵戎相見，這時宙斯這個和事佬出面了。他說：「不如你們去問一下在艾達山下放羊的特洛伊王子帕里斯（Paris），讓他來裁定。」既然天君開口了，大家也要給個面子，於是這三位女神馬上拋下正在舉行的宴會，風風火火地趕到艾達山，各自使出渾身解數來賄賂帕里斯。

可能有人要問一句，好好的特洛伊王子，沒事到山上放什麼羊啊？原來帕里斯一出生，也有一個預言，說他是特洛伊的災星，於是被送到遙遠的艾達山。但命運豈可如此隨意地改變？這不，好好放著羊，突然來了三位強勢的天神，都竭力遊說帕里斯投自己一票。天后希拉說要讓他成為權傾一方的國王，女神雅典娜許諾給他獨一無二的智慧，而愛神阿芙蘿黛蒂則願意賜予他世間最美的女人。結果，帕里斯同學將金蘋果義無反顧地判給了阿芙蘿黛蒂，喜出望外地坐等迎娶世間第一美女。原來偶像劇裡不愛江山愛美人的先河早在上古時期就被特洛伊人開創了。

2 美麗的海倫

接著，帕里斯到希臘的斯巴達做客，國王墨涅拉奧斯（Menelaus）盛情款待。此人的老婆不是別人，正是古今中外第一大美女海倫（Helen）。海倫有多美？古人的描述可不是她的眼睛有多大，臉有多小，鼻子有多挺，那就太落俗套了。十六世紀的英國詩人說海倫擁有一張啟動了無數軍艦的臉，指的就是後來希臘人為了她而不遠千里向特洛伊宣戰。

在《荷馬史詩》裡，敵人已兵臨城下，特洛伊的老國王普里阿摩斯（Priams，以下簡稱普里阿摩斯）和身邊的一群幕僚在城牆上視察軍情。這些德高望重的老者無意間回身看到站在遠處、風情萬種的海倫，忍不住感嘆：「如此級別的尤物，怎能怪特洛伊和希臘的男人甘願為她跋山涉水，九死一生？」這樣的女子如果放到中國古代，還不被老夫子們的口水直接噴死？

沒錯，海倫成為帕里斯的獎品時已是有夫之婦，名花有主了！然而這難不倒愛神阿芙蘿黛蒂！她讓海倫瞬間變了心——至少海倫對外一直是這麼解釋的。古希臘人很少自責，有事沒事都怪神靈不好，連希臘的三軍統帥阿伽曼農（Agamemnon）在全體將士前致歉時都宣稱自己是被某個神靈蒙蔽了心智。總之，在一個月黑風高的晚上，海倫和帕里斯攜手私奔，還捲走一大批貴重物品。這起出軌事件不但冒犯了墨涅拉奧斯一家，還將希臘的其他王子牽扯進來，原來當年海倫被全希臘的貴族子弟追求。為了避免內戰，大家立下一個誓言，承諾共同保護有幸娶海倫回家的王子，如若此人被侵犯，必群起而攻之。這就是著名的《荷馬史詩》中關於特洛伊戰爭的由來（下一章將詳述）。

客觀事實是一群古希臘人跨越愛琴海去攻打特洛伊城，但在神話版本中，侵略的隊伍卻變成了正義之師：是帕里斯先違反了賓主之禮，拐人之妻，奪人之財，逼得希臘眾王子不得不出頭。雖然在傳說中，希臘人占了道德制高點，但荷馬對特洛伊人讚賞有加，特別是他們中的頭號英雄赫克托爾（Hector），害得不少讀者認為赫克托爾才是《伊利亞德》的男一號。

有關海倫和帕里斯私奔的說法由來已久。但到西元前五世紀，也就是古希臘的古典時期，有人開始對此神話記載提出質疑。被後世稱為「歷史之父」或「謊言大師」的希羅多德認為海倫在私奔的路上被扣在了埃及，而非流落到特洛伊。他給出的理由是，如果海倫真的在特洛伊人手中，他們絕不會冒著被屠城的危險而拒絕交她出來。比他稍稍年輕一點的歷史學家修昔底德則更毫不客氣地指出，希臘和特洛伊開戰的真實目的就是為了控制達達尼爾海峽的周邊領域，跟兌現誓言這種冠冕堂皇的說辭毫無關係。希臘人的軍隊也不可能像《荷馬史詩》中描述的那般規模壯觀，因為當時的客觀條件難以支撐如此龐大的人馬。通過這些充滿思辨的論證，希羅多德和修昔底德無形中狠狠反駁了荷馬。作為古希臘傑出的歷史學家，他們並沒有刻意抬高自己的祖先，為「勝利者」頌德，也沒有唯古是從，人云亦云，他們所做的是最可貴的：無畏地提出自己的看法。

3 不信邪的施里曼

那麼，這場戰爭事實上是什麼樣的？歷史的真相又是什麼？從文藝復興開始，古希臘和古羅馬文明在漫長的中世紀裡被遺忘後又再次被發現和傳播，把當時的西方文化人迷得七葷八素。

到了十九世紀，對古希臘和古羅馬歷史文化的研究從歐洲貴族們的業餘愛好發展成了可以長期在高等學府領飯票的古典學科。當時很多古典學家想破了腦袋，終於得出一個結論：《荷馬史詩》儘管文辭優美，情節引人入勝，但內容全數虛構——歷史上既沒有特洛伊，也沒有因它而起的戰爭。

所幸當時有個德國人就是不信邪，這個人叫海因里希．施里曼。他自幼就是荷馬的鐵粉，覺得老荷是無論如何也不會騙人的，而真正誤導大眾的正是那些引經據典、毫無想像力的學究。然而，怎麼才能證明自己是對的？畢竟死無對證，古人活不過來了，那就只能靠一個辦法：挖！施里曼歷經波折，終於在安納托利亞平原的西北方，土耳其政府的眼皮子底下，探測到一座古城遺址。開掘後，挖墓人施里曼對外宣稱這就是特洛伊城，而裡面發現的寶藏屬於當年的老國王普里阿摩斯。這個消息傳回歐洲，立刻引起了轟動，施里曼也因此一夜成名。此後，他再接再厲，又在邁錫尼的古墓中發現了價值連城的寶物，其中有一副做工精緻的純金面具。施里曼聲稱第一次看著它時，就彷彿與當年遠征特洛伊的希臘統帥阿伽曼農四目凝視，因此稱它為「阿伽曼農的面具」。史學家將這些文物和遺址歸類於邁錫尼文明，時間大約為西元前一六〇〇到前一一〇〇年。

商人出身的施里曼十分懂得如何行銷自己的成果，可他的認知顯然存在紕漏和不足。比如，他挖掘出來的所謂特洛伊城門（約西元前二四〇〇年）比荷馬記載中的戰爭年代（約西元前一二〇〇年）早了約一千年。再如，當時特洛伊的遺址密密麻麻有許多層，為了挖到底層，也就是最古老的遺跡，施里曼直接用火藥將覆蓋在上面的殘存全部炸掉。其他考古學家捶胸痛哭，恨不得把他從棺材里拉出來狠狠地踢上兩腳。

4 更早的克里特

儘管如此，倘若沒有施里曼，我們對史前的希臘愛琴文明的認知不會有太多進步。與他齊名的還有英國考古學家亞瑟・埃文斯爵士。埃文斯在地中海北部的克里特島上發現了一個大型宮殿遺址，被命名為克諾索斯。這座「歐洲最老的城市」瞬間將人們對早期古希臘的認知向前推到了西元前三一〇〇到前一六〇〇年，比施里曼發現的邁錫尼文明早一千多年。神話中的克里特島國王米諾斯就住在克諾索斯。傳說中，他私藏了波賽頓的一頭神牯。出於報復，波賽頓讓他的妻子愛上了這個牲畜。被迷了心竅的王後腦洞大開，請能工巧匠打造了一頭木牛，然後自己爬進裡面與神牯交歡，最終生下一個半人半牛的怪獸。這個恐怖的畜生被囚禁在國王建造的迷宮裡，每年吞噬給它進貢的童男童女，直到被雅典勇士忒修斯殺死。

當然，在後世的希臘人看來，年代久遠的克里特島難免光怪陸離、荒誕不經。但從克諾索斯整理出的殘留壁畫來看，儘管其中的文字還未被破解，還是可以看出米諾斯時期的社會先進又風雅。有人覺得現代的女人太過注重打扮，他們一定是沒見過從頭到尾精緻無比、時髦無敵的克里特婦女。畫中的她們，波浪鬈髮，珠圍翠繞，膚白勝雪，腰肢纖細，風情萬種。關鍵是，她們的衣服上身敞開，酥胸毫無遮攔。之前說過，希臘男子喜歡在一些公共場合赤身裸體，這個傳統經久不衰。但希臘社會對女子卻沒有如此開明。西元前八世紀以後，除了在個別地區，如斯巴達，女性一般不能拋頭露面，更不要說敞胸露懷。這種保守的趨勢與克里特島上呈現的風氣反差極大，以至於有人認為早期的希臘社會為母系社會。

除此之外，克諾索斯的龐大宮殿裡存留了大量囤積糧食等原材料的器皿，以及刻著文字、看上去很像庫存清單的陶板，讓一些學者推測當時的日常經濟由王宮操控，而無私人交易。但因缺少這方面的記載，這個遠古的經濟體系究竟是如何運行的，只能猜測。但可以確定的是，克諾索斯的城市遺址裡街道縱橫，建築精美，樓房甚至有下水系統——這可是五千多年前！此外，壁畫上有許多雜技歌舞、遊戲玩耍的場景。如此看來，至少一部分克里特人生活得極為愜意。

米諾斯的物質文明被邁錫尼文明所繼承。不同的是，後者推出了幾樣有自己特色的東西：最早的古希臘文字（已被破解）、大量武器、防禦性設施和蜂窩式墓穴。有人覺得歐洲就是在那一刻從原先和平的母系社會演變成崇尚武力的父權社會的。這個壓迫婦女、窮兵黷武的罪名，邁錫尼人該不該擔，學界目前尚無定論。感興趣的讀者可以自行研究。

對施里曼這個考古學鼻祖、遠古文明的拓荒者，多數人還是認為他功大於過。作為一個出身寒門、未受過正規學院訓練的古希臘迷，他憑著自己的堅定信念和滿腔熱忱糾正了當時歐洲最優秀的古典學家。正是因為有他這樣的人，我們有關愛琴海青銅時期的知識才能暴增，遠超後世古希臘人的所知。從施里曼的身上，我們可以看到，千萬不能迷信所謂的權威，也不要乖乖地讓別人告訴你歷史是怎麼回事，只有不停質疑和探索，才能收穫意料之外的真相。下一章，就讓我們走進精彩萬分的《荷馬史詩》。

Chapter 2

四海戰歌

天地怒火

1 還好有詩歌在

說起讓古希臘人心馳神往、熱血沸騰的特洛伊戰爭，就不得不提《伊利亞德》和《奧德賽》這兩部與此息息相關的超級史詩。在歷史上，它們歸功於一位名叫荷馬的人，但事實上，作為口語文學，它們的流傳得益於大批流浪歌者的即興吟誦。

《荷馬史詩》的信史成分占多少，一直是個飽受爭議的話題。有些學者極度不信任荷馬，拚命想要繞過這部早期唯一的文獻。但也有學者比較務實，認為它可以用來勾畫社會制度的框架。在第二派裡，有人提出《荷馬史詩》主要反映的是黑暗時代，也就是西元前十一世紀到前九世紀的古希臘。黑暗時代的前期被認為異常「黑暗」，因為它沒遺留任何宏偉的建築和精美的文物。這裡涉及史界一段未了的公案——上一章講到的米諾斯文明和邁錫尼文明在西元前一二〇〇年左右突然崩塌，考古記錄顯示豪華宮殿和城市中心被大規模毀壞和遺棄。除此之外，原先精緻的青銅物件全被簡單的白鐵器皿代替。連日常陶器也變得粗枝大葉，僅用幾根粗獷的幾何線條作為裝飾圖案。更驚人的是，連文字也消失了，整部《荷馬史詩》全靠口頭傳誦，直到西元前八世紀才被記錄下來。

這場大規模的萎縮不僅僅限於希臘，還涉及整個地中海地區。同步遭受不測的還有巴比倫、西臺和埃及等地。這其中的緣由至今沒有定案。因時間太過久遠，除了大火焚燒的痕跡外，幾乎沒其他線索。於是學界眾說紛紜，比如火山地震、農業災害、外族入侵或內部叛亂……大家也可以隨意腦補一下，畢竟一切皆有可能。

隨之而來的黑暗時代缺乏歷史記載，猶如一幅水墨畫，留下許多空白，給後人以想像的空間。事實上，《荷馬史詩》是否能與真人真事對上號，恐怕永無答案，但至少裡面的故事足以讓我們一窺三千多年前希臘人的喜怒哀樂和愛恨情仇：原來在那個物質上一窮二白的年代，人們擁有無比豐富的精神世界。荷馬筆下的英雄之所以被後世如神靈般頂禮膜拜，是因為他們所做的一切都圍繞著一個主題：如何在時間的長河裡永垂不朽。

2 阿基里斯的憤怒

不少評論家都喜歡替一萬五千多行的《伊利亞德》擬定主題，比如說憤怒。這個選擇肯定讓愛引經據典的學者挑不出毛病，因為怒氣／怒火是全詩開篇的第一個詞，古希臘語的原文用的是不太常見的μῆνις（Menis）。如果用中文生硬地直譯，全詩第一句就是：

怒火……請以此為歌，天神！

那來自珀琉斯之子阿基里斯

災難性的怒火，

是如何為希臘人帶來無盡苦難，為九重地送去無數英勇之軀，

讓他們成為野狗和獵鷹的腹中之物。

一百年之前，歐洲有文化的人幾乎都可以背誦《伊利亞德》的這段開頭，就像中國過去的讀書人將《詩經》和《楚辭》裡的名句熟記於心一樣。

總之，荷馬一上來便點明，我們的阿基里斯（Achilles）同學是個容易發火的人。歷史上脾氣大的人不少，但因此引出一部流傳千古的文學巨作，估計也只有這位世人公認的古希臘第一勇士。

3 少年的成長

也有人說，《伊利亞德》的主題是成長：經歷這場戰爭後，阿基里斯發生了翻天覆地的變化。（注意，前方有劇透）要知道起初他還是個快意恩仇的青蔥少年、希臘軍隊裡人人敬仰的戰神，但在一次與主帥阿伽曼農的爭執後，倔強的他不但咒罵阿伽曼農，還想立即在阿伽曼農的胸口狠狠捅上一刀。最後還是雅典娜親自現身相勸：所謂「君子報仇，十年不晚」。女神悄悄承諾在不久的將來，會讓阿伽曼農付出慘痛的代價。阿基里斯雖然脾氣大，卻是個聽從神靈旨意的乖孩子。於是他憤憤地離開了希臘的戰營，去海邊撫琴做文藝青年了（確切地說是他用的樂器長得像豎琴，但可以握在手裡，英文叫 lyre，來自古希臘文的 λύρα）。後來希臘人節節敗退，導致他最愛的摯友死在敵人手中。阿基里斯肝腸寸斷，但卻奇蹟般地原諒了仇人的父親。經受了這一致命的打擊，古希臘的第一英雄硬是學會了悲憫和寬容，但是這番成長卻驚心動魄，代價慘痛。最終阿基里斯在攻打特洛伊城的戰爭中戰死異鄉，沒有回到愛琴海另一邊的故鄉。

4 克律塞斯的贖金

要想瞭解阿基里斯的蛻變，就要知道為什麼他和阿伽曼農鬧得水火不容。這兩個人的矛盾不但改寫了大戰的走向，驚動了神界，還害得許多將士無辜喪命。

在《伊利亞德》開頭，特洛伊戰爭已經進行到了第九年（有關這場戰爭前因後果的傳說，上一章已經做了簡單的介紹）。這個時候，希臘人剛剛攻破特洛伊周邊幾座盟軍之城，並俘虜了兩個美麗的女孩，分別叫作克律塞伊斯和布里塞伊斯。當時的武力衝突不受任何國際人道主義的約束，勝利者習慣性地將戰敗方的女眷視為戰利品。克律塞伊斯和布里塞伊斯的家園淪陷後，各自被分配給了希臘的最高統帥阿伽曼農和最英勇的武士阿基里斯。

然而克律塞伊斯的父親克律塞斯是太陽神阿波羅的扈從，身分有點像今天的神職人員。得知女兒被抓後，這位年邁的老者帶著大包小包的禮物來到希臘人的營中，卑躬屈膝地懇求阿伽曼農讓他贖回自己的女兒。按當時的戰爭習俗，戰俘家屬可試圖贖回家人。克律塞斯言辭誠懇，苦苦哀求希臘人放了克律塞伊斯。但阿伽曼農不為所動，還惡言惡語地警告手持權杖、佩戴頭冠的克律塞斯：「最好別再讓我看到你在希臘人的軍艦附近徘徊，到時你手中的權杖和頭上的高冠都救不了你。我不會放你的女兒，她會隨我回到遙遠的故鄉希臘，一輩子在我的榻邊伺候我，在織布機旁忙碌，就此度過餘生。」

從這些話裡可以看出，作為最高統帥的阿伽曼農言行十分欠妥。既然打了勝仗，就該適可而止，放了克律塞伊斯，這樣既能得到豐厚的贖金，又能贏得仁義之名；其次，明明知道克律塞斯是阿波羅的扈從，還公然反駁其哀求，豈非執意要跟太陽神過不去？最後，即使不放克律塞伊斯回家，也無須惡語相向，難道非要拉仇恨才滿意？要知道，在希臘神話中有一個重要原則：永遠不能與神祇為敵。

5 阿波羅的箭

果不其然，關係戶克律塞斯回去之後，立即向阿波羅投訴。太陽神聽到後震怒，挽起他的銀弓，鋪天蓋地地朝希臘人的營帳射出無數瘟疫之箭，讓不計其數的士兵暴斃而亡。到了第十天，阿基里斯看不下去了，便召集所有人來商討對策。眾人到齊後，他詢問營中德高望重的通靈者凱克斯知否其中玄機。可凱克斯懼怕阿伽曼農，在開口揭露真相之前懇求阿基里斯保障他的生命安全。從這個細節中可以看出阿伽曼農平時多心胸狹窄、睚眥必報。凱克斯得到免死金牌後，才將瘟疫的前因後果公之於眾。這樣一來，大家恍然大悟：原來是阿伽曼農對阿波羅扈從的無禮才引起了這場滅頂之災。有人說中國人好面子，其實古希臘人也毫不遜色。在眾目睽睽之下被人扣上了對神祇不敬並引發災難的罪名，換誰都不好受，更何況是最高統帥。阿伽曼農聽到凱克斯的一番解讀後惱羞成怒，忍不住破口大罵：「你這個老傢伙！嘴裡就沒有吐出過吉言，只會成天危言聳聽，動搖軍心，真讓我噁心！」但事已至此，阿伽曼農也明白凱克斯所言不虛，「不錯，我確實喜歡這個女奴。她在美貌、聰慧、持家等各方面都勝過我的妻子。」大家留意一下，從這幾句話可看出阿伽曼農的婚姻狀況。在另外一個非常有名的古希臘悲劇中，阿伽曼農的老婆和表兄趁他在外征戰時暗通款曲。頭頂草原的阿伽曼農一回家就被老婆親手謀害了。在世界歷史上，這位王后可算是將自己的老公綠出了新高度，比潘金蓮女士早了兩千多年。

6 狗臉鹿心

此時在希臘的軍營裡，阿伽曼農總算拿出了一點作為三軍統帥的擔當，他勉強提議：「儘管此女甚得我心，但還是將她歸還吧，本帥不想因為自己而讓大家受到牽連。」但是他話鋒一轉，又補充道：「可我作為最高領導不能一無補償，把她送走之後，要從別處補一個女奴給我，絕不能讓我一人遭受損失。」這一席話讓阿基里斯十分不悅：「將軍，我們這些奮力殺敵的希臘之子去哪裡再給你找一份獎勵？我們贏來的財物都已經分配殆盡。不如你先把這個女孩子送回去，待我們攻下特洛伊後，定會三倍四倍補償於你。」阿伽曼農一聽有人唱反調，馬上黑了臉，威脅道：「要麼你們自動獻上一個女奴，要麼我自己去挑一個。」

通過這番對話，阿伽曼農的自私和跋扈顯露無遺。阿基里斯怒斥道：「你這個狼心狗肺的東西！」古希臘語裡用的是「狗臉鹿心」，意思是臉長得像狗一樣卑鄙，內心像鹿一樣膽小。「每一場大戰我都身先士卒，衝鋒陷陣，但論功行賞時，我拿得都比你少。現在你還要得寸進尺，霸佔更多，讓我如何能再忍氣吞聲！想想我為什麼要背井離鄉，替你這樣一個貪得無厭的人送死？特洛伊人沒有冒犯過我，也從未偷過我的牛羊和糧食，我們兩族之間隔著無窮的山川和廣闊的海洋。如果不是因為你們兄弟倆，誰會冒生命危險犯傻漂洋過海，追隨你和你弟弟前來攻打特洛伊城？」前面提到過，特洛伊戰爭的起因是特洛伊王子帕里斯與阿伽曼農的弟媳婦海倫私奔。

話說到了這個地步，兩人在大庭廣眾之下公然撕破了臉，沒有了退路。阿伽曼農陰沉無比地撂下重話：「那你走吧，希臘人不需要你！我決意要把你的女奴布里塞伊斯拿來己用，讓所有人看看忤逆我的後果。」阿伽曼農此舉志在全力維護自己在眾人面前的威信，可他憑的是職位之尊和元帥之名，難以讓人信服。同時我們也看到，作為三軍統帥的阿伽曼農對屬下的挑釁除了惡語相加、強行反駁外，並無更好的辦法。事實上，荷馬世界裡的上下級之間更像一群平起平坐的地方諸侯，他們來去自由，不受王命，難以被輕易威逼脅迫。這個權力割據而又相互均衡、獨立自治的傳統被一路保留，在往後近千年的歐洲歷史裡都可以看到。

英雄之路

1 西蒂斯的請求

當阿伽曼農無恥地提出要硬搶布里塞伊斯時，阿基里斯怒不可遏。他攥著手裡的劍柄，想從鞘中拔出立刻插入阿伽曼農的胸口，但雅典娜突然從天而降，並只對他一個人現身。智慧女神悄悄在他的耳邊低語道：「親愛的阿基里斯，先不要衝動，暫且放過他。相信我，不用多久，他會為現在的蠻橫付出成倍的代價。」雅典娜的忠告讓阿基里斯不得不暫壓怒火，跑去海邊做他的憤青去了。

後來，阿伽曼農霸道地派人將布里塞伊斯帶走。阿基里斯便跑去找他老媽哭訴。每個媽寶男的背後必定有一個強大的母親，阿基里斯半人半神，因其母是著名的神女忒提斯。忒提斯被迫下嫁珀琉斯後，對老公興趣索然，但對兒子卻鍾愛無比。她看到愛子如此憋屈，怎能無動於衷，於是便去找天君宙斯論理。神通廣大、消息靈通的忒提斯提前拿到了宙斯的行程單，知道他過幾天從衣索比亞回來——當時的衣索比亞泛指非洲尼羅河的北端，那裡陽光明媚，土地富饒，天神都愛去那裡度假。她浮出海面，飛上奧林帕斯山，一下子就逮到了旅遊歸來、心情大好的宙斯。忒提斯一隻手抓著天君的膝蓋，另一隻手拉著他下巴上的鬍子，有點像小朋友賴到聖誕老人身上，然後開始撒嬌：「慈愛的天父，幫幫我那苦命的兒子吧，他被那可惡的阿伽曼農欺負了，已經退出了希臘陣營。他不在時，您一定要讓希臘人大敗，這樣才會讓他們後悔莫及，不得不向吾兒賠罪道歉。」宙斯聽了後半天不說話。這是為什麼？因為天君也有苦衷：自己的老婆是站希臘人的，天天提防他在背後搞小動作。但古希臘人也非常講人情世故，欠了別人的早晚要還，忒提斯曾經救過宙斯，所以宙斯沉默半天，最終還是答應了她的請求。到了晚上，天后憑自己敏銳的嗅覺發現宙斯與神女私會過，狠狠地發了一頓脾氣。要知道忒提斯頗有姿色，當初宙斯就是怕自己忍不住，才將她嫁給凡人，這樣一來忒提斯所生的孩子才不會威脅到自己的地位。宙斯一看事情已經暴露，只好連哄帶騙地將老婆安撫住——先前說過，希臘雖是父系社會，但是女人的地位不容小覷，一旦惹怒天后，宙斯也沒好果子吃。為了讓希拉消氣，宙斯承諾最終會讓特洛伊淪陷，但眼前必須先還忒提斯一個人情。在希拉的默許下，宙斯助特洛伊人把缺了阿基里斯的希臘軍隊打得節節敗退，逼到海邊，差點連戰艦也全數被燒光。這急轉直下的戰況迫使阿伽曼農不得不派使團去請阿基里斯再次出山，但無論大家如何懇求，阿基里斯的怒火毫無緩和的跡象。

2 不可磨滅之殤

除了憤怒、成長，這篇長詩的另一個主題就是殤，意思包含失去、消失和死亡。從踏上征途的第一天起，阿基里斯就走上了不歸路。他的母親清楚地告訴他，如果選擇加入這場戰爭，他必定會英年早逝。前面講過，古希臘曾有一個非常轟動的婚禮，新娘和新郎分別是神女忒提斯和英雄珀琉斯。大喜之日，不和女神厄莉絲發現唯獨自己沒被邀請，便故意向賓客扔去一個寫有「專屬六界最美」幾個字的金蘋果，間接引發了特洛伊戰爭。雖然好好的婚禮被攪得雞飛狗跳，但這段姻緣卻促成了天下第一勇士阿基里斯的誕生。作為神女，忒提斯擁有不死之身，兒子卻因為有一半凡人血統而無法永生。阿基里斯出生沒多久，就被帶到了黑帝斯掌管的九重地冥間。那裡有一條黑暗陰冷的斯提克斯河，死去的人渡河之後便會忘記前世，但常人如果浸在河水裡便會刀槍不入、百毒不侵。忒提斯抓住阿基里斯的雙腳，把他全身浸在河水裡。可能因為急於離開陰氣很重的九重地，忒提斯忘了把兒子被抓住的腳踵也觸碰河水，阿基里斯最後正是因跟腱中箭而亡。所以英語裡有一句話叫作「阿基里斯之踵」，意思是超凡之人也有致命的弱點。更有意思的是，阿基里斯的外號是快足如風。《荷馬史詩》裡的英雄都有綽號，如足智多謀的奧德修斯、盔纓閃亮的赫克托爾爾、快足如風的阿基里斯。他的腳是他平時最大的優點，最後卻害死了他。這種似是而非的橋段很符合古希臘人的審美。在這方面，古希臘人和現代人，比如美國人很不一樣。美國人向來樂觀自信，認為沒有改變不了的厄運、解決不了的難題。

總之，當希臘盟軍開始組建隊伍，廣招英雄時，前面在希臘大營裡吐露真相的占卜師凱克斯預言只有阿基里斯加入，特洛伊城才能被攻破。神女忒提斯也獲知一個預言：如果阿基里斯去打仗，就會年紀輕輕命喪沙場。這可真是個預言滿天飛的年代啊，誰不信誰倒楣，當然，信了也好不到哪去。

3 阿基里斯的決定

忒提斯可捨不得自己的兒子英年早逝，於是將他藏在一個偏僻的小島上，把他打扮成一個女孩子，混跡在島上國王的女眷裡（史上最早女裝大佬）。但是盟軍中有個首領，叫奧德修斯，他在希臘王子中最詭計多端，也是第二部《荷馬史詩》的男主角（下一章著重講他）。奧德修斯查出阿基里斯的行蹤後，喬裝成一個小販來到島上，兜售胭脂水粉。當地的少女們立刻把他圍了起來——她們激動的樣子像極了十多年前第一次看到進口彩妝的我們。突然，奧德修斯毫無徵兆地從貨品中拿出了一把軍用小號，大聲吹了起來，所有女孩聽了都嚇得落荒而逃，唯有一個人馬上拿起了旁邊的盾牌和兵器準備對抗敵人。當然，這個剩下的人就是阿基里斯，在潛意識下，他把自己暴露了。

紙包不住火。儘管阿基里斯的母親想方設法要他躲過這一劫，但終究無法違抗命運。但是，天意和神旨並非全部原因。作者荷馬在《伊利亞德》裡明確地告訴我們，阿基里斯之所以最終選擇從軍，是因為他渴望贏得來自戰場的至高榮耀。古希臘人堅信英雄的美名會被後世永遠傳頌，非過眼即逝的富貴和權力可比。阿基里斯的抉擇在三千多年後的今天依然讓人感嘆。我們總會在一些時候面臨同樣的取捨：是義無反顧地追求崇高並為之付出所有，還是庸庸碌碌地活著，或者更糟，違背原則和良心苟且一世？人生在世，很容易像地上爬行的動物一樣，渾渾噩噩，虛度光陰，而古希臘的史詩永遠將思考的層次放在最高點：如何能像神祇一般輝煌不朽。

於是阿基里斯在出場時就已經自動放棄了對於任何人來說都無比珍貴的東西——原本可以富足悠長的生命。

從軍之後，阿基里斯在大小戰役裡身先士卒，絕對無愧古希臘第一勇士的稱號。可當布里塞伊斯被阿伽曼農搶走後，他開始跟希臘軍隊離心，並懷疑這種捨生忘死的真正意義。之前說過阿基里斯不遠千里，放棄長生，為的是追求永不褪色的功勳。但當集體決策出自一個無德之人時，榮譽的歸宿是否還能眾望所歸，體現它應有的價值？更要命的是，阿基里斯的憤怒讓他瞬間觸摸到了英雄文化背後的虛無。他自問：「為什麼我要來攻打特洛伊？特洛伊人從未傷害過我。」這個想法其實很危險，說白了就是：難道非要聽命於一個殘暴不仁的領袖，屠殺素未謀面的異族人，才能成為英雄？透過這突如其來的思考，支撐阿基里斯的武士道精神被打上了一個大大的問號，就好像有人突然發現從小在學校被灌輸的觀念大有問題。因此在脫離希臘的軍隊後，阿基里斯格外形單影隻。這份落寞既是外在的，也是內心的。

4 傑出的赫克托爾

這首詩的殤絕不僅僅涉及希臘一方。特洛伊的第一勇士赫克托爾也是這場浩劫的犧牲品。荷馬的偉大之處在於他對特洛伊將士同樣充滿敬佩，而不是將敵方當作異類來醜化。不少人就覺得《伊利亞德》的頭號英雄是赫克托爾，而阿基里斯只能排第二。這就如同我們看《紅樓夢》，都繞不過「釵黛之爭」。赫克托爾武藝高強，精忠愛國，上受諸神喜愛，下被民眾敬仰，古往今來圈粉無數。與赫克托爾形成強烈對比的是他那個貪生怕死、拈花惹草的弟弟帕里斯，在兵臨城下之際，還不忘和海倫纏綿。赫克托爾指責他時，帕里斯將自己的懦弱和風流全都歸罪在愛神阿芙蘿黛蒂身上，如此厚顏無恥也是沒誰了。

《伊利亞德》的第六章裡有一段赫克托爾與妻子道別的描寫，最能看出他的俠骨柔情。（大家注意一下，《荷馬史詩》裡處處是洋洋灑灑的場景對話，簡直可以直接用來當劇本。）這一天，赫克托爾好不容易從戰場抽身，擠出時間來看望愛妻安卓瑪姬和兒子。安卓瑪姬一看到許久不見的丈夫就開始落淚：

夫君，總有一天你會為你的英勇送上性命。可你為什麼不想想我們的孩子？如果要失去你，還不如隨你一同去死，這強過我一人孤苦伶仃，無依無靠。希臘人已經殺死了我的父親，我的母親也隨他而去，我的七個哥哥長眠於九重地。赫克托爾，你是我現在唯一的親人，是我最愛的丈夫，同時也是我的父親、母親和兄弟。若沒了你，我便一無所有……可憐可憐我，守在這城牆背後，不要出去迎戰，千萬不要讓我獨自一人了結殘生。

赫克托爾望著安卓瑪姬，心如刀絞：

夫人，你是我此生最珍愛的人，你說的這些我都想過。但如若我退縮不前，有什麼臉面去面對全族的男女老少？又該如何獨自苟活？這一生我只能選擇戰死沙場，不讓家門蒙羞。我知道特洛伊滅亡的那一天遲早會來臨，每每想到敵人大舉屠城的那日，我的父王、母后、手足和其他臣民會死於非命，我就痛不欲生，但最讓我傷心的還是敵人將啜泣的你強行拖走的畫面，讓你——這世上我最想保護的人——一輩子淪為奴隸。

在另外一個記載裡，安卓瑪姬確實被俘，而他們心愛的兒子——特洛伊的明日之星——被敵軍從城門上扔下。

5 嚇人的頭盔

接下來的一幕更可怕。赫克托爾伸出雙手想要擁抱兒子，但稚子被赫克托爾一身堅硬的鎧甲和纓槍高聳的頭盔嚇到，在抱他的仕女懷裡哭了起來——赫克托爾的綽號就是盔纓閃亮。赫克托爾和安卓瑪姬見狀卻笑出聲來。赫克托爾溫柔地將頭盔取下，然後才抱起稚子，輕輕地親吻他的臉頰。他對天祈禱，希望兒子長大能青出於藍而勝於藍，做一名出色的武士：不但帶回堆積如山的戰利品，還讓他的母親因他的赫赫戰功而不勝欣慰。但我們可以看到，戰爭文化雖然披著榮耀的外殼，卻以殺傷為本質。赫克托爾從頭到尾不曾對此有過反思。他所注重的只是如何遵循競技規則戰勝敵人，卻從未想過對方也許和他一樣，是個頂天立地的漢子，一樣有嬌妻愛子需要保護。赫克托爾不但自己走上了這條不歸路，也寄望下一代能複製他的軌跡，靠殺戮來實現自身價值，獲得外界認可。事實上，稚子對盔甲的懼怕是自然的、富有人性的。而他父母的麻木才是扭曲的、不健康的。有人說赫克托爾是《伊利亞德》排名第一的英雄，可我總覺得他忠勇有餘，反思不足，所謂「哀其不幸，怒其不審」。

在這場戰爭中，不僅巨星隕落，更有無數默默無聞的士兵淪為陪葬品。比如當阿波羅散播鼠疫來報復希臘軍隊時，無數人喪命。荷馬說他們「靈魂飄向九重地，肉身被野狗和老鷹大快朵頤」。這些無辜的生命雖被作者寥寥幾筆帶過，但其壯烈程度不亞於有名有姓的英雄。

到最後，阿基里斯也如預言，死在了特洛伊。因此，若說這部作品的主題為「殤」，一點也不為過。尤其對阿基里斯而言，詩篇的推進就是他一點點失去生命中的全部：他的陽壽、信仰、同胞、最親的兄弟。當戰爭最終賦予他不朽之名時，已很難確定這份姍姍來遲的榮耀是否可以彌補他的創傷和失落。

要麼寂寞

1 使團的到來

阿基里斯的非凡遭遇促成了他的成長，也帶來了無限的「殤」。與此同時，這部史詩的字裡行間還處處沸騰著熱血。

阿基里斯的真性情迫使他絕不說違心的話。如果能穿越的話，估計他會非常適合與司馬遷、令狐沖之類的人做朋友。在第九章裡，希臘人在阿基里斯走後被特洛伊人打得潰不成軍，只得派來龐大的使團勸阿基里斯回歸。當時阿基里斯正在風景秀麗的愛琴海邊撫琴。荷馬說他邊彈邊唱，謳歌古往今來的豪傑，他的摯友帕特羅克洛斯（Patroclus）陪伴在他身邊，兩人歲月靜好。他們見昔日的戰友到訪有些驚訝，阿基里斯將來者迎進大帳，讓他們寬心：「儘管我與阿伽曼農水火不容，但你們永遠是我的朋友。」說罷，他擺好酒席，盛情款待客人。

酒足飯飽後，奧德修斯開始當起說客，先點明時局危在旦夕：特洛伊人可能很快就要將希臘人逼回海邊，然後一網打盡。然後他代表阿伽曼農向阿基里斯提供巨額補償，帶給阿基里斯：七觴精緻無瑕的大鼎、十斤黃金、二十盞閃閃發光的大釜、十二匹奪冠的駿馬、七名心靈手巧的美女，並保證阿伽曼農還會將布里塞伊斯完璧歸趙，還發誓並未碰過她一根頭髮。

除此之外，阿基里斯可隨意選阿伽曼農的三個女兒之一為妻，並獲得七座城池作為嫁妝。

奧德修斯把致歉的話說得冠冕堂皇，在今天簡直是做銷售的天才。可是阿基里斯絲毫不為所動。

「此生我最憎惡兩樣東西，一個是通向死亡之門，另一個就是口是心非之人。所以我不會對你們隱藏我的真實想法。」確實，阿基里斯對至親至信的人從來毫無保留。他繼續說道：「阿伽曼農說服不了我，其餘人也勸不動我。我們的軍隊向來賞罰不明。當年我一人攻下十二座城池，得到的獎賞卻同別人一樣，毫無公平可言。變本加厲的是，阿伽曼農為了平息阿波羅的怒火，竟唯獨來搶我的布里塞伊斯。雖說她是從戰場上奪來的，但我一直真心待她。世上所有有情有義的男人都愛自己的女人，我也不例外。難道我們不是為了海倫被劫才千辛萬苦地來到特洛伊？難道只有阿伽曼農兄弟兩人的女人才是不能被侵犯的女人？這麼多事情樁樁件件積壓在一起，是可忍，孰不可忍！我已經向宙斯祈禱過了，明天就收拾東西回老家。阿伽曼農休想再把我當傻子耍。」

他對布里塞伊斯的態度可與阿伽曼農對克律塞伊斯的態度做比較。當阿伽曼農需要把克律塞伊斯交回去的時候，提到的是克律塞伊斯的美貌和靈巧，而阿基里斯講的則是自己對布里塞伊斯的感情。

當然也有學者認為，阿基里斯的這番話不過是用來懟阿伽曼農的一套說辭。可後來布里塞伊斯在悼念帕特羅克洛斯時回憶，生性溫柔的帕特羅克洛斯不忍看她傷心，便時常安慰她，並告訴她將來阿基里斯會帶她回希臘，在族人面前明媒正娶。我們知道，阿基里斯與帕特羅克洛斯的關係不分彼此。所以，如若阿基里斯對布里塞伊斯毫無真心，帕特羅克洛斯又怎會給出這番承諾？

如果瞭解阿基里斯的為人，就會明白為什麼奧德修斯對他的遊說毫無效果。一開始，當阿伽曼農和阿基里斯撕破臉時，就有個叫涅斯托爾的長老跑出來做和事佬。他的辦法就是讓兩個人各退一步，糊弄完事。但不講清楚矛盾的對錯，只求息事寧人，很難消除當事人心中的不滿。奧德修斯用的無非也是萬事和為貴的說辭，毫無新意。要知道阿伽曼農自己不來，而只是派別人來安撫調和，就是在逃避他在整個事件中的責任。一位睿智犀利的學者指出，在當時看重禮尚往來的希臘社會，阿伽曼農對阿基里斯的千金一擲更帶有一種施捨的姿態。

奧德修斯講完後，又有一個叫菲尼克斯的老者開口了。這個菲尼克斯撫養阿基里斯長大，形同義父。他一開始就動之以情：「我可是一手把你拉扯大，小時候你吃飯還吐到我袖子上……」為了讓阿基里斯回心轉意，菲尼克斯還語重心長地講了一個故事：曾經有一名武士因為怨恨自己的族人而拒絕出戰，直到敵軍兵臨城下才幡然悔悟，結果雖成功退敵，卻錯失原先可得到的獎勵，讓本可風光無限的美事黯然收場。這前前後後構成了三種主張妥協的思路，先是涅斯托爾的避免衝突，再是奧德修斯的許以重利，最後是菲尼克斯的見好就收，說到底都是權衡利益，圍繞的都是一個宗旨——「識時務者為俊傑」。但這些都不能打動阿基里斯：他的憤怒在大多數人眼中無窮無盡，毫無節制。事實上，這幾位的威逼利誘完全繞開了問題的本質。儘管阿伽曼農表面將姿態擺低，但對自己的霸道行徑隻字未提，也沒有反省盟軍的領導模式，甚至還聲稱自己一時被神靈迷惑了心智，將責任推卸得乾乾淨淨。

2 帕特羅克洛斯的陣亡

與阿伽曼農不同，阿基里斯雖狂傲不羈，卻十分尊重和愛惜身邊之人。比如對菲尼克斯，此義父雖然嘮嘮叨叨，也不是阿基里斯的知音，可阿基里斯依然承諾，如果菲尼克斯肯與他一起全身而退，自己會與他共用所有財富和榮譽。後來好兄弟帕特羅克洛斯不忍看到同胞被殘殺，大罵阿基里斯冷血，並要求借用阿基里斯的盔甲出戰。阿基里斯不但容忍他「叛變」，還誠心祈禱他勝利歸來。

最後，帕特羅克洛斯不幸在赫克托爾手下戰死，阿基里斯追悔莫及。要知道他和帕特羅克洛斯從小情同手足，兩人親密的關係從一個細節就能看出：帕特羅克洛斯戰死之前穿的是阿基里斯的盔甲，以至於別人都以為阿基里斯本人又回到了戰場。在古代，盔甲就像現在的身分證一樣，不能隨意外借。武士一旦戰死，其盔甲會被爭搶，己方要搶回去好好祭祀，對方要奪回去大肆炫耀。阿基里斯和帕特羅克洛斯不分彼此，後者的殉難有如把前者的心一起剜走，這種撕心裂肺的創傷難以言傳。但荷馬畢竟是荷馬。與現代作家不同，他沒有選擇直接描寫人物的內心，而是用簡單的肢體語言來傳遞悲痛之情：

大霧一般的黑色悲傷將阿基里斯包圍。

他用手捧起腳下的焦土，撒在頭上，弄髒自己俊麗的臉龐。躺在地上的他將龐大的身軀在泥土裡緩緩伸展。

他用手不斷地扯著自己的頭髮，黑色的灰塵污濁了他精美的衣袍。

在一旁的安提諾烏斯也在哭泣，他緊緊抓著阿基里斯的手不鬆開，聽任他從心裡最深的地方號啕大哭，唯恐他會猛然自戕。

天空中響徹著哀號的聲音。

這段形容是如此含蓄內斂又恰到好處，穿越將近三千年的時光隧道，翻譯成現代漢語後，還是能讓人感受到古希臘時空中傳遞出的痛徹心扉。過去有學者猜測阿基里斯和帕特羅克洛斯有斷袖之癖，這其實是現代人不能想像與身體無關的純粹精神上的相知相伴、生死相隨。男人之間無關肉欲的感情可以何等動人，看看《琅琊榜》就知道了。詩中清楚地告訴我們，他們兩人雖然同住一個帳篷，但與阿基里斯同床共枕的是布里塞伊斯。

3 赫克托爾的屍體

阿基里斯對帕特羅克洛斯的情深義重還體現在他對兇手的侮辱。帕特羅克洛斯死後，阿基里斯像瘋了一樣追殺害死帕特羅克洛斯的赫克托爾。赫克托爾不敵希臘第一勇士的兇猛進攻，在特洛伊陣前身亡，阿基里斯將他的屍體拖在自己的戰車後面來回蹂躪。所謂殺人不過頭點地，對手一死，恩怨情仇就該一筆勾銷。當時戰爭雖然殘酷，但也有不成文的規定：歸還對方將士的屍首，讓家屬憑弔安葬。更何況赫克托爾是特洛伊第一勇士，深受天神們的喜愛。但阿基里斯這次偏不遵守，雖然他明明知道這是對神靈的大不敬。可令人意外的是，這個被怒火侵蝕五臟六腑的人，最後竟寬恕了赫克托爾的父親普里阿摩斯。荷馬的這段描寫十分精彩，讓我們一起拜讀一下。在第二十四章裡，普里阿摩斯在天神荷米斯（Hermes）的帶領下神奇地出現在阿基里斯的營帳中。面對這個親手殺死愛子的希臘將軍，普里阿摩斯淒苦地懇求道：

戰神阿基里斯，我在做一件別人未做過之事：向一個殺害我親生骨肉的兇手行禮問安。想想你的父王，他與我都已是花甲之年，時日無多。但當他得知你還活著時，至少還有一絲欣慰。可我的兒子都在這場戰爭中陣亡。後來只剩下赫克托爾，他費心竭力保護著我們的城邦和人民，可連他，也被你在幾天前殺害。

現在，為了他的屍首，我攜帶無以計數的珍寶前來乞求。想想你自己的父親，可憐可憐我這垂暮之人。

接下來的對話停止了。兩人開始哭泣：普里阿摩斯想起已經死去的赫克托爾，阿基里斯想著自己年邁的父親和情同手足的帕特羅克洛斯。他們一老一少，一個希臘人，一個特洛伊人，各有各的傷心，悲泣的哭聲響徹整個屋子。

半晌，阿基里斯收起眼淚：

您居然敢來我這裡。

您的心一定像鋼鐵般堅強。

是我無情地殺死了你所有的兒子。

神靈總是給凡人帶來厄運。

我的父親儘管權傾一方，

但我——他唯一的孩子——卻遠征在外，不能承歡膝下，

原來……我背井離鄉只是為了給大海這頭的你帶來不幸。

神靈總是不斷賜予凡人厄運。

他們在天上卻可以高枕無憂……

人活一世苦難重重，

雖無限坎坷，我們終須盡力活下去。

說到這裡，阿基里斯與普里阿摩斯四目相對，悲傷瞬間逆流成河，將膨脹已久的仇恨洗去，只剩下哀憫和諒解——阿基里斯最終同意讓普里阿摩斯將赫克托爾的屍體帶回特洛伊。可貴的是，在接二連三的打擊下，阿基里斯並沒有違背過本心，他滾燙的血液裡始終

流淌著最真摯的情感。正因如此，這個剛毅少年與仇人之父的和解才格外令人動容。

4 永遠的戰神

阿基里斯與普里阿摩斯的一席對話讓《伊利亞德》的勇士文化瞬間徹底土崩瓦解。軍人在戰場上勇往直前的前提，就是把對手幻想成一個邪惡又陌生的異類。但當阿基里斯看到普里阿摩斯的滿頭白髮，才意識到，這個仇人不過是一位心心念念地盼著兒子能回家的父親，與自己的高堂無異，差別是普里阿摩斯卻再也見不到英姿颯爽的赫克托爾。阿基里斯最終能與曾恨之入骨的人感同身受，這與他自身的憤怒、熱血和深情是分不開的。只有前面痛徹心扉的仇恨，才有後面難能可貴的寬恕。總有一些學者和讀者覺得阿基里斯脾氣太差，不懂進退，才導致那麼多人喪命。但我始終認為，他人性中的缺陷和偏執是蚌體內的沙礫，通過痛苦的探索和反思，才換來珍珠般的昇華。

阿基里斯的赤子之心與中國文化裡岳飛、辛棄疾這類人的性情極為相似，因此他身上也流露出中國古代士大夫壯志難酬的滄桑和悲涼。雖然《伊利亞德》裡英雄輩出，可從頭到尾只有他一人對古希臘武士精神產生了質疑，並借此觸摸到遊戲規則背後的虛無和荒謬。也正因如此，他註定無法被旁人理解。如叔本華所說，「人生只有兩個可能：要麼寂寞，要麼平庸」。

但阿基里斯倔強的性格未必受到歡迎：肯定有人嫌他情商太低，不懂妥協，還一意孤行，遠不如足智多謀、四兩撥千斤的奧德修斯。然而阿基里斯的才賦需要用慧眼識辨。他並非計謀高深、心思縝密，但有時只有倔強、死腦筋的人才能不依不饒地追查到權力問題的所在，比如特洛伊戰爭是如何抹殺希臘人和特洛伊人的共同性，將他們劃成兩個非我族類的對立陣營，這個兩極的意識形態又如何提升了阿伽曼農德不配位的權柄。其實阿基里斯帶來的思考一直離我們很近：如何促進和平、化解仇恨；如何監督權力、保障公平；如何讓人與人之間坦誠相待，族群與族群之間互相理解。在我看來，在這些根本問題被解決之前，人工智慧、大資料、融資行銷等都只不過是為這偏頗的世道披上了一件華麗的外衣，而無法從根本上消除文明人內在的缺失和狹隘。

可如今，聰明的人都在研究如何尋獲一條最方便、最快捷的成功之路。對於社會上的弊端，他們心知肚明，但若要他們去反抗，那是萬萬不能的。只需趨利避害，就可以坐擁財富和地位，為什麼還要去犯傻呢？更何況這類人私下都很善良，除了白天給既得利益者賣命外，下了班會收養小動物，接濟一下我這種落魄的朋友，對餐館服務員、清潔阿姨、計程車司機噓寒問暖。雖然很爽地吃了他們的大餐，我還是要耿直地說一句，靠一人的小德小善，終難「大庇天下寒士俱歡顏」，只有共同努力改變社會才是王道。如果多些像阿基里斯這樣的「傻人」，大家不遺餘力地推動對制度的反思，或許將不會再有眾多慈善對象，而是大眾皆可「策馬奔騰，共用人世繁華」。

阿基里斯的幸運之處是他一直活在半現實半神化的古希臘神話裡，所以馬克思會說：「古希臘人才是真正的孩童。」相比之下，中國的精英文化很早就褪去了神靈和鬼怪的元素，從而喪失了天馬行空的幻想空間。縱觀古代的君子，雖說可以寄情山水，相忘江湖，但實際上卻難逃家族和朝廷所帶來的層層約束，因此無數風流人物就被城府和權謀磨平了棱角，從而透露出一種中國特有的滄桑和遲暮之感。

荷馬同時也刷新了人們對英雄這個概念的認知。一般人可能認為英雄代表崇高無私和完美無缺，那是受了基督教和集體主義的影響。反觀阿基里斯，雖人格缺陷明顯——他脾氣暴躁，難以相處，還是一個愛哭鬼，被阿伽曼農欺負了要哭，帕特羅克洛斯死了他哭個不停，碰到普里阿摩斯又大哭一場——但他之所以被視為蓋世英雄，是因為他一系列不尋常的決定：放棄漫長安逸的一生，與全世界為敵，原諒不可原諒的敵人之父。阿基里斯有偏差，有失落，卻不斷在思索和成長。人生在世，這不就是最英雄的活法嗎？因此，古希臘排名第一的英雄永遠是快足如飛、愛哭愛怒、熱血沸騰的阿基里斯，絕無他選。

Chapter 3

深不可測的《奧德賽》

終究回歸

1 因何滯留？

《奧德賽》是《伊利亞德》的姊妹篇，兩部史詩都歸功於同一作者——傳說中一位名叫荷馬的盲詩人。《伊利亞德》講述的是希臘盟軍耗費十年時間出征特洛伊——主角是英勇無敵的阿基里斯；《奧德賽》講述的是戰後希臘英雄如何耗費十年時間回歸故里——男主角是計謀過人的奧德修斯。可以說，前者的主旋律是死亡，是阿基里斯如何排除萬難遠征他鄉，並為此付出了年輕的生命。而後者的主題則是生存，是奧德修斯如何殺魔除妖、歷盡艱辛與妻兒團聚。

荷馬講故事非常有藝術性，一篇洋洋灑灑、超過一萬五千行的《伊利亞德》並沒有按部就班地從戰火燃燒的第一年講起，而是直接跳到攻打特洛伊的第十年。荷馬沒有鋪陳和介紹，一上來就大肆宣揚阿基里斯的怒火，並說明了盟軍岌岌可危、內憂外患的現狀。同樣，《奧德賽》的開篇也立刻描寫正在發生的事件中。在詩歌的開頭，奧德修斯已在外顛沛流離長達九年，正被困在一座孤島上。同時，天神波賽頓對他懷恨在心，發誓要不遺餘力地阻撓其歸途。而在他老家伊薩卡，正有一百零八個貴族子弟糾纏著他的妻子，覬覦著他的家產。此時所有倖存的希臘王子俱已安然返鄉，獨他一人還滯留在外，且隨從俱亡。

《奧德賽》的第一行，從古希臘語翻譯過來是這樣的：

那人——告訴我，天神——那個聰明絕頂的人，

如何在攻破被神靈庇佑的特洛伊城後依然歷經磨難。

這話著實讓人有些奇怪，為什麼奧德修斯謀略過人卻命運不濟，明明踏平了敵人的土地，卻還輾轉漂泊，有家難回？

2 自我與異類

儘管希臘人和特洛伊人在《伊利亞德》裡鬥得你死我活，但在很多事情上，他們基本三觀一致。

我們舉個例子。在第六章裡，希臘阿爾戈斯（伯羅奔尼薩斯半島東北部的一個城邦）

的王子狄俄墨德斯（Diomedes）和特洛伊的盟友格勞克斯克斯在戰場上相遇。狄俄墨德斯見對手外表非凡、器宇軒昂，忍不住好奇打探：「閣下姓甚名誰？是何方人士？」誰知格勞克斯故作姿態而不肯透露：「浮生在世，朝如夏花暮如秋葉；人間英雄，滾滾後浪卷前浪。你我兩軍作戰，何必廢話？」

大家可能納悶，這是在生死搏鬥還是在舉辦吟詩大會？不錯，《荷馬史詩》裡的武士都愛抓住機會大秀口才，而且語調文縐縐的，還自帶格律，兩軍對陣時也不例外。

格勞克斯對自己吟誦的對仗工整、辭藻華麗的詩句十分滿意，但還意猶未盡，看到狄俄墨德斯態度誠懇，心想不妨趁此良機讓世人知道自己的赫赫大名，於是乾脆卸下頭盔，放下武器，往草地上一坐，仗先不打了，開啟了一個單人說故事模式。

話說當年有一武士叫貝勒羅豐（Bellerophon），可謂「陌上人如玉，公子世無雙」。一日，貝勒羅豐路過阿爾戈斯，那裡的王后對他一見鍾情，瘋狂地愛上了他。貝勒羅豐卻拒絕染指有夫之婦。王后因愛生恨，轉而向丈夫誣告她被貝勒羅豐非禮。國王心生一計，命貝勒羅豐前去給比鄰的呂基亞國（現土耳其境內）的君主送密信，內容就是「好好招待」信使，意思就是讓來者從此在人間蒸發。英語裡有一句「貝勒羅豐的信」（Bellerophontic letter），指的就是明明在傳遞傷害自己的資訊，還被蒙在鼓裡，類似中國人說的「被人賣了還幫人數錢」。

呂基亞國王於是指派貝勒羅豐去收服一個名叫奇美拉的怪獸。奇美拉長著獅頭、羊身和蛇尾，口吐烈焰，經常毀壞農田和牲畜。結果不用說，怪獸生來就是為了彰顯主角的光芒，當然是被貝勒羅豐收服了。

一計不成又生一計，國王又讓貝勒羅豐出征索力瑪人和亞馬遜人——兩個以兇狠好鬥著稱的野蠻部落，後者還全是女人（女王在番外篇裡出場），但貝勒羅豐依然毫無懸念地完成了使命。

呂基亞國王再也沒有了耐心，便直接在貝勒羅豐回來的路上安排埋伏，可那些殺手要麼沒吃飽飯，要麼不走心，貝勒羅豐還是毫髮無損地回來了。

如果說前面都是戰無不勝的老套路，接下來的故事就有了反轉。呂基亞國王為無法剷除貝勒羅豐而感到驚詫萬分，轉念一想，既然殺不了你，那就把你留下為我所用。於是把女兒許配給貝勒羅豐，將他變成了自己的女婿和革命接班人。就這樣，蓋世英雄貝勒羅豐和美麗的公主結為夫婦，並生下三個孩子，從此定居呂基亞。其中一個女兒被宙斯看上，生下了我的表哥——薩爾珀冬；公主的哥哥希波洛赫斯生下了一個兒子，就是我，格勞克斯——前來支援特洛伊的呂基亞人首領。

3 世代盟友

這個格勞克斯不開口則已，一開口就滔滔不絕，半天才把祖宗三代的身世講完。狄俄墨德斯聽到這裡震驚了：「什麼，你父親是希波洛赫斯，你祖父是貝勒羅豐？怎麼不早說啊兄弟？我爺爺當年與貴祖父是世交，當初他在阿爾戈斯時，受貴祖父款待二十多天，兩人由此結為世代盟友。作為盟友的後代，我們也是哥們兒！原來都是一家人。怪不得我看你那麼面善。」說罷，狄俄墨德斯使勁擺擺手：「不打了，不打了，讓我們擁抱一下。」就這樣，原本要拚個你死我活的兩人竟然交換禮物，握手言和，退出戰場一起去曬地中海日光浴了。

狄俄墨德斯和格勞克斯這個暖心的插曲雖然沒有改變戰爭的最終走向，但體現了跨國盟友在荷馬文化裡的普遍性。以此類推，我們還可以得出幾個結論：拋開暫時的矛盾，希臘人和所謂的敵人在待人接物方面的態度基本相同。

在這個價值體系裡，善待流落在外的遠方之人受到肯定和弘揚。正因如此，萍水相逢的異族可變成莫逆之交，偶然的邂逅也能變成一段義結金蘭的美談。

在神話族譜裡，幾乎所有人都會和天神或英雄沾親帶故。比如上面提到的薩爾珀冬和格勞克斯，明明是小配角，卻還都是宙斯的兒孫。當初神就那麼幾個，時間越往上推，大家越有可能都是血親，因此無論當下爭得如何你死我活，也不能排除有朝一日握手言和，一笑泯恩仇的可能。

這個提倡結盟交友的文化促使我們反問：為何所有的相遇不能都演變為一段天長地久的友誼或是一場皆大歡喜的婚禮？有什麼恩怨是非一定要通過戰場上的廝殺而不是人與人之間的真誠對話解決？這個想法聽上去很幼稚，但值得最聰明的人去研究。

4 好漢去海外

與《伊利亞德》裡文化相通的將士不同，《奧德賽》中的一系列人物之間差異巨大：他們之中論類別有仙有魔，有外族，有異類；論態度有些好客，有些仇外，有些敬天神，還有些竟公然找死，放話連宙斯的賬也不買。

可以說，無限悲情、熱血的《伊利亞德》引發的是對人性和制度的思考，而充滿神幻奇險的《奧德賽》關注的則是自我與外族／異類的碰撞。

在史學家們眼中，《奧德賽》裡大量的異域奇幻描寫反映了當時希臘與海外的頻繁接觸。

在經歷了西元前一二〇〇年左右的巨大災難後，中東和埃及在西元前九〇〇年左右開始恢復穩定。這一走勢帶動了整個地中海圈內經濟、貿易和文化的復蘇。一度休養生息的希臘也開始在此時放眼四海，大膽探險，為後來的大規模移民打下了基礎。西元前七五〇年左右，希臘在義大利西部建立了第一個殖民地，隨後一發不可收拾，到了西元前五〇〇年時，希臘人在西班牙、法國南部、義大利、亞得里亞海、黑海南部和北非的海岸線上一共建立了五百多個新根據地。因此，西元前七五〇到前五〇〇年的這個時期被稱為「殖民時期」，移民人數占總人口的百分之四十左右。

殖民這個詞其實並不確切，因為它首先讓人想到近代歐洲對第三世界的霸權統治。當時西方在武力上遙遙領先，軍事的懸殊促成了對外的種種不平等。但是希臘的殖民模式卻大相徑庭，特別是在早期。西元前九到前八世紀，希臘本地人口持續增長，對有限的耕地造成了壓力，不少人開始往外開疆拓土。在這個過程中，希臘移民的實力並不占絕對優勢，新領地在政治和經濟上也完全獨立，鮮與母邦有牽扯。因此在擴張階段，雖然沒有完全避免與原住民衝突，但也不乏眾多和平共處、互不侵犯的個案。

相比之下，完全一邊倒的是希臘在物質文明上向海外的瘋狂借鑒和效仿。比如在陶器的裝飾上，原先簡單的幾何圖案變成中東地區精緻的花鳥魚蟲。在雕塑上，出現了與埃及風格極其相似的大型站立人像，唯一不同的是少年均赤身露體，保留了對男性裸體的推崇。

史學家還考證出，家禽就是在那時被引進希臘，雞在當時被稱為「波斯鳥」，從此餐桌上又多了一道高蛋白料理。

另外，過去的希臘人聚會時都是坐在椅子上，但中東的長形沙發被引進後，貴族喝酒時都改成了半臥半躺的撩人姿勢，有現存陶瓷上的圖畫為證。

更重要的是，希臘人在腓尼基（地處現今的敘利亞和黎巴嫩沿海地帶）人文字的基礎上創造了可拚寫的字母。要知道，上一次出現書寫已經是四百多年前的事了。

後來，這項技術被羅馬人知道了，覺得十分有用，也效仿起來。要說羅馬人厲害起來可以征服八方，統領四海，但是要他們搞點原創，那是萬萬做不到。這些羅馬字母後來被運用到英語裡，一路傳承下來，至今還折磨著不擅外語的小朋友。這些非亞文明所帶來的濃濃異域元素，賜予了西元前八到前七世紀一個稱號——「東方化時代」。

儘管時代背景如此，但若硬要把《奧德賽》裡的事蹟與我們所知的殖民時期史實全盤對號入座，便是執念太深。事實上，正因為《奧德賽》架空了真實的歷史，才能讓生活在二十一世紀全球化浪潮下的我們引起無限聯想和共鳴。

多彩世界

1 模範的費阿克斯人

我們的主角奧德修斯在外遇到的各路人物可以分為三類：仁義標杆、惡魔鬼怪和妖豔小姊姊。首先，將善良詮釋得淋漓盡致的就是費阿克斯國王一家。奧德修斯在流浪十年遇到他們後，就立刻開通了回家之路。不得不說，有時努力一百次，不如遇到一個貴人。

在這之前，奧德修斯被魔女卡呂普索（Calypso）困在一座荒島上達七年之久，已然從明眸皓齒的小鮮肉變成了滿臉風霜的大叔。針對奧德修斯與家人分離長達二十年這個殘忍的事實，奧林帕斯眾神舉行了年度工作會議。參會者熱烈討論並發言，最後一致通過了協助奧德修斯回家的決議。注意，有一位常委「恰巧」缺席，那就是對奧德修斯無比痛恨的波賽頓。大會結束後，眾天神派荷米斯下凡來給卡呂普索洗腦。經不住荷米斯軟硬兼施，卡呂普索最終應允讓心上人離去。古希臘最聰明的英雄終於乘上小舟，在海上乘風破浪，一路向西……請想像一下奧德修斯所看到的畫面：波光閃閃、風和日麗，不遠處幾縷從家鄉伊薩卡升起的炊煙依稀可辨，眼看就要踏上故土，與家人團聚……就在這個激動人心的時刻，深居海底的波賽頓無意間探出頭來視察海面，一眼就看到了恨不得生吞活剝的仇人。海神馬上意識到自己被塑料兄弟宙斯和眾神出賣了。眼看死對頭幾乎要平安到家，波賽頓怎能袖手旁觀，他馬上興風作浪，翻雲覆雨，想讓奧德修斯就此葬身海底。萬幸的是，雅典娜在關鍵時刻出現了。只要奧德修斯有難，雅典娜幾乎總是第一時間伸出援手：這個女神也不知是上輩子欠了奧德修斯的（神仙應該沒有前生），還是被他撩到了（可雅典娜的官方人設是禁欲派的）。現在奧德修斯遭遇狂風巨浪，雅典娜再次出手，第一時間將他安全地引渡到斯克里亞上。

在這裡，衣不遮體的奧德修斯被費阿克斯公主和侍女撞見，儘管他的形象有些狼狽，但估計胸肌還是有的，羞得幾個未成年的女孩子忙遮住了眼睛，慌忙給他遞上衣服。雅典娜施法讓穿上衣服後的奧德修斯格外神采奕奕、英姿勃發，公主看了心裡小鹿亂撞，急於將帥哥帶回城內，並一路上傳授如何博得自己父王母后信任的攻略，然後兩人為了避嫌而分道揚鑣，再由雅典娜接手將奧德修斯領入王宮。

「您不會是神仙下凡吧？」王后看到奧德修斯時，也立刻被他迷住了。

奧德修斯卻很低調。「非也非也，在下不過是命數不濟、尋求幫助的不幸之人。」他小心翼翼地隱藏自己的真實身分，「本人流浪在外，不幸遇到海上的惡劣天氣，隨行物品和同伴均已離散，只望兩位有好生之德，發悲憫之心，送我回家，此大恩大德定當永記在心。」

國王的一家都是傻白甜，連這人是誰都沒搞清楚，就被這三言兩語打動了。這裡費阿克斯王室給我們如何做國際友人的典範上了一課。

費阿克斯王室沒有因為不同的文化和習俗對陌生人避之不及或產生猜疑或排斥，相反，他們對異鄉來客十分好奇和尊重，相談甚歡後，視對方為可信任的親友。既然都是一家人，不論別人是否身世顯赫或有無利用價值，都要竭力伸出援手。費阿克斯王室的做法完全符合希臘文化裡「森雅」（Xenia）的觀念。「森雅」所表達的就是不同群體之間的跨國情誼，也就是之前提到過的盟友之好。直到今天，在歐洲移民政策的討論中，支持難民的一派也會提到古希臘的「森雅」傳統，這其中所提倡的開放和平等的精神完全不同於後來城邦國家的封閉排外。

交代完人畜無害的費阿克斯人，接下來看看《奧德賽》裡的惡人。所謂好人千篇一律，惡人花樣繁多，在描寫反派這方面，荷馬誠意滿滿，讓人腦洞大開，不容錯過。

2 奧德修斯的自述

在送奧德修斯離開的前一夜，費阿克斯人載歌載舞，殺雞宰牛，舉辦了博人眼球的競技比賽和文藝演出。酒過三巡，王宮中的御用歌者準備上前吟唱，作為貴客的奧德修斯點了一出希臘人用特製木馬攻陷特洛伊的橋段。隨著一陣強烈的回憶殺，平時不露聲色的奧德修斯也情不自禁地流下了眼淚。

王后看到神秘大叔猛然如此多愁善感，柔聲問道：「貴客何故一聽有關特洛伊戰爭的事蹟就淚濕衣襟？敢問您究竟是何人？」

有王后的這一提問，講故事能手奧德修斯才將戰爭結束後的十年裡所經歷的遭遇向讀者娓娓道來，其中是否有誇張或虛構，荷馬並不明言，我們也永遠不得而知。

在他的敘述中，整部《奧德賽》裡的頭號反面人物——海神波賽頓的兒子，獨眼巨人波利菲莫斯（Polyphemus）登場了。生來只有一隻眼睛的巨人在宙斯統治之前就出現了，這個恐怖的基因隔了好幾代，在海神波賽頓的後裔身上竄了出來。

3 獨眼巨人

奧德修斯告訴我們，在攻破特洛伊之後，他們一夥人遭遇風暴，漂流到了獨眼巨人棲息的島嶼。靠岸後，奧德修斯在現場進行了實地勘查，隨後對之嗤之以鼻，原因有三：

- 擁有大片沃土卻不耕田，任由其荒蕪，漫山的山羊自由放養，簡直是暴殄天物。
- 地處天然港口，卻開拓航海，不開展貿易，白白浪費了地理優勢。
- 島民們獨居於山洞中，缺乏組織和協商，整個部落如同一盤散沙。

歷史學家指出，這座巨人島是反襯希臘社會的一面鏡子，暴露出當時希臘人對文明的獨特定義和價值觀。

儘管如此，奧德修斯的觀點很值得推敲。第一條就否定了所有不從事農耕的早期民族。可歷史上人類從狩獵採集到播種穀物的轉型造成了生態破壞、官僚滋生和男尊女卑的形成，所以孰是孰非很難評價。第二條所說的對外封鎖雖然會造成潛在經濟損失，但若形成了自給自足的供需系統，倒也無傷大雅；最致命的是第三條，任何無組織、無紀律的群體都是無法長治久安的，希臘人說到了點子上。

總之，奧德修斯等人到達這個無人看守的荒島後，很幸運地獵捕到一隻野羊，飽餐了一頓。照理應該見好就收，立馬走人，但奧德修斯心裡住了個熊孩子，一定要探個究竟，於是便帶著同夥一路尋到了獨眼巨人波利菲莫斯居住的山洞。主人此刻不在，昏暗的洞裡面圈養著好多小羊，儲藏著乳酪。

下面請欣賞奧德修斯花式作死：他的夥伴本想順手牽羊，然後一走了之，但愛面子的奧德修斯為了彰顯自己的厲害，義正詞嚴地拒絕了同伴的提議，並提出了一個大膽的設想——「先吃乳酪，等主人回家，向他說明苦衷，用真誠打動他，讓他再送一些羊羔。」這可能是最古老的空手套白狼版本。

不久，獨眼巨人波利菲莫斯邁著悠閒的步伐，將羊群趕回山洞。他用巨石將洞門堵好，等擠完當日鮮奶，生了火，才發現家裡多了一些不速之客。畢竟只長了一隻眼，視力差些也正常。

他睜大了唯一的眼睛，問道：「好傢伙，你們是從哪裡冒出來的？是有事來訪的正經人還是無事四處搶劫的海盜？」波利菲莫斯還真是耿直，竟以為匪盜之類會坦白自己的身分。

「我們是阿凱亞人——這是荷馬在史詩裡對希臘人的稱呼——現在的身分是來投靠您的求助者。遭遇不測，非我們所願，期望您能伸以援手，贈以禮物。神通廣大的宙斯庇佑世界各地的求助者，懲罰所有無視他們祈求的人。」

「這位先生，你太可愛了，我們獨眼巨人與宙斯從無瓜葛，更不會因為怕他而原諒你們的膽大妄為。」

說著，波利菲莫斯抓起奧德修斯的兩個戰友，重重地往地上一摔，兩人馬上腦漿迸裂。波利菲莫斯歡快地將慘死的人大卸八塊，配著新鮮的羊奶，大快朵頤一番，然後昏昏睡去。

在旁目睹了同伴慘死的奧德修斯恨不得當場用匕首捅死波利菲莫斯，但他知道，獨眼巨人死後，自己無法將堵在門口的巨石移開……一切須從長計議。

4 機智脫困

第二天一大早，波利菲莫斯擠了一些羊奶，又吃了兩個希臘人當早餐，然後美滋滋地哼著小曲兒趕羊出洞了。

此時此刻，心情愉悅的波利菲莫斯自然無法體會被留在山洞裡的希臘人有多懊惱絕望。他們埋怨奧德修斯不該非要和波利菲莫斯打交道，捅出這麼大的婁子。當別人已經崩潰時，奧德修斯卻專心思考對策。果然，眨眼之間，他便計上心頭。

奧德修斯先在山洞裡找到一根粗壯的樹枝，將其一端削尖。晚上，波利菲莫斯回來後又狼吞虎嚥地吃了兩個人。奧德修斯賠著笑臉將隨身攜帶的高級紅酒遞給他。

「兄弟，喝兩口吧，這原本是我準備送你的見面禮，現在當我們的散夥酒。」

「你這麼客氣，弄得我都有些不好意思了。這樣吧，你叫什麼？我也送上一份薄禮，聊表心意。」

一邊是工於心計的腹黑王子，另一邊是愚蠢的巨人，兩人竟然開始禮貌地寒暄起來。奧德修斯的答案讓他穩坐古代西方狡詐第一人的寶座。

「我叫『梅仁』。」

「那好，我先把你的同伴都吃光，最後吃你，這就是我送你的禮物，不謝，不謝。」

不多時，波利菲莫斯爛醉如泥，倒頭入睡，嘴角邊還不時溢出人肉沫子。機不可失，失不再來。

奧德修斯和同伴們將準備好的樹枝用火燒得發紅。然後，奧德修斯對準波利菲莫斯的獨眼一下子戳進去。皮肉接觸到滾燙的木頭，發出吱吱聲，夾雜著難聞的焦糊氣味。

波利菲莫斯痛得慘叫，聲音傳到了住在周邊的獨眼巨人耳裡。連平時互不干涉的鄰居都開始好奇：「波利菲莫斯，你這是怎麼了，是有人偷你的羊嗎？還是有人傷害你？」

「沒人（梅仁）在欺負我，沒人（梅仁）把我的眼睛戳瞎了！」

「沒人？那你深夜鬼哭狼嚎地大叫，有病啊？……有病只能找醫生，我們可幫不了！」

「真的，相信我，沒人（梅仁）在害我！確實是沒人（梅仁）！」

「真的沒人？那我們先洗洗睡了。」

可以想像，在一旁的奧德修斯聽到這段對話時，如何在心中狂笑。

波利菲莫斯眼看跟這群豬隊友講不清楚，便摸到洞口，把石頭推開，自己守在那裡。他心想，我雖然看不見，但可以把你們這群兔崽子一輩子堵死在我的洞中。

但是，這點小伎倆如何能難倒神機妙算的奧德修斯？他用波利菲莫斯睡覺時鋪在地上的一些乾草紮成繩子，將三隻羊橫著捆成一排，然後把戰友分別綁在兩隻羊的腹下。自己另選一隻最肥的羊，然後死死貼在羊肚子上，兩邊用肥厚的羊毛蓋住。

天亮時，波利菲莫斯繼續守在洞口，觸摸每只出洞的羊，不讓壞人混在裡面。他數來數去，羊群的數量都不多不少，只是有幾隻突然身體肥胖，走路搖搖晃晃的。那幾隻腹下藏人的羊也非常不爽，想告訴主人其中的玄機，可惜說不出人話來，只能咩咩大叫。就這樣，奧德修斯等人驚險萬分地在波利菲莫斯眼皮子底下逃出了洞穴。

要說他們死裡逃生，已是萬幸，應速速離開這是非之地。但是奧德修斯秉承不作死就不會死的宗旨，在船離岸時，大聲向波利菲莫斯挑釁：「波利菲莫斯，你聽好了，本英雄行不改名，坐不改姓，把你弄瞎的人就是我，大名鼎鼎的奧德修斯。」

得意忘形的奧德修斯忘了獨眼巨人儘管一無是處，但是有個好爹波賽頓。波利菲莫斯牢牢記下奧德修斯的名字，轉身就去找老爹告狀。在奧德修斯眼裡，波利菲莫斯或許愚不可及，但在波賽頓眼裡，他卻如花朵般可愛。波賽頓為了替兒子報仇，從此費盡心機截斷奧德修斯的返鄉之路。

5 惡人榜排名

憑著低智商和壞運氣，獨眼巨人波利菲莫斯在《奧德賽》的惡人榜裡成功地登上榜首。除了他，還有一些角色給奧德修斯的歸途製造了阻礙，比如居住在希臘北部的色雷斯族。在離開特洛伊後，奧德修斯首先遇到了他們。

在特洛伊大開殺戒後，希臘人喪失了理智。他們對待色雷斯人的態度就是「攻破他們的城池，殺光他們的子民，掠奪他們的財產，搶佔他們的婦女」。可憐的色雷斯人一開始毫無防備，等回過神來，已失去先機。所幸他們及時應對，重組人馬，絕地反擊，最終重創希臘人。

你若不仁，休怪別人不義，以彼之道，還施彼身，這個道理古今中外皆通。

接下來，他們遇到的是北非附近的「吃藕人」。以藕為食其實象徵著一種自然和諧的生活方式。相比之下，耕種糧食必須耗費大量勞動力，而盈餘卻容易被有權階級掠奪剝削，所以吃藕人純良無害、天真無邪，也問心無愧。只是外界人士一旦品嚐他們特產的「蓮藕」，就會滯留不前，忘記身分。最後還是奧德修斯強行把那些吃了藕的戰友連哭帶叫地綁在船上，才得以離開。可見與世無爭、安逸無求的生活終難以抵擋文明的誘惑。

這些就是奧德修斯和戰友們在遭遇獨眼巨人波利菲莫斯之前的經歷。

除了以上奧德修斯遇到的幾款人物外，剩下的還包括：

● 住在石頭城裡的食人族部落。這些惡魔用矛將人戳起來直接當烤串吃。遇到他們，那只有三十六計，走為上計。

● 人首鳥身的海妖塞蓮，憑藉美妙的歌聲迷惑人類。奧德修斯把同伴的耳朵塞住，然後讓他們把自己綁在柱子上，還下令到時無論他如何哀求都不要鬆綁。這樣當塞蓮在他頭頂盤旋歌唱時，他既能聽到絕世的歌聲，又不會迷失心智。

● 航海道上的兩隻超級怪獸斯庫拉和沙布里。前者長著六個腦袋，需要六人活祭；後者專門製造漩渦，每天必吞沒三批船隊。儘管奧德修斯一行人小心翼翼地避開了沙布里，但還是有六名同伴不幸被斯庫拉吞食。（有學者認為這兩者的原型可能是義大利本土與西西里島之間海峽兩側的危險渦流和沙洲）。

總之，一路上，五花八門的妖魔鬼魅應有盡有，打怪升級的套路更是與《西遊記》有一拚，感興趣的讀者可以去詳讀。

遭遇這些對手時，奧德修斯有時正直如君子，有時卑鄙如小人，時而展露卓越的才智，時而卻犯下愚蠢的錯誤。和《伊利亞德》的主人公阿基里斯一樣，奧德修斯並不完美，也絕非聖賢。但在他爾虞我詐、精於算計的外表下面，依然保留了一顆勇於探索、好奇無比的赤子之心，謹此便足以擔當古希臘人所仰慕的英雄稱號。

6 妖豔小姊姊

接下來講講更勁爆的妖豔小姊姊們。首先是法力高超的魔女喀耳刻（Circe）。奧德修斯逃離了食人魔後就漂流到了她棲息的小島。

奧德修斯先派一支小分隊去偵察情況。他們來到一棟大宅子前，看見院子裡散養著一群雄獅猛虎，卻都被下了藥一般，乖順得猶如小狗小貓。

這時，秀髮飄飄的女主人出來了，她端莊優雅、氣質高貴，見有人到訪，馬上露出迷人的微笑，請水手小哥哥們進去做客，並奉上美味的乳酪和佳釀。這些人享用完佳餚後，瞬間就化身成了豬，全然不知自己是返鄉路上的將士——注意，這裡不是比喻，儘管有些人如豬一般好吃懶做，但這裡真的是拿來做紅燒肉的動物——原來這些食物和酒都被下了藥，而下藥之人就是喀耳刻。這些豬男立刻被喀耳刻無情地趕進豬圈。唯一一個在院外觀望的同伴看到這詭異的一幕，嚇得魂飛魄散，馬上飛奔回去稟告奧德修斯。

奧德修斯聽後不知所措，可他畢竟深得天神喜愛，於是荷米斯悄然來到他身邊，送上溫馨小提示：如果想救你的同伴，需要照我所說的去做：你需要提前服下我給你的解藥，這樣喀耳刻的迷湯就會失效。在她對你下咒之前，你就可以拔出利劍來震懾她。喀耳刻一害怕，就會要和你做羞羞的事，你千萬不要拒絕。等她脫光衣服、赤身裸體時，就可將她徹底降服，逼她還你同伴人身，並對天發誓永不傷害你們。

說了半天，行動的內容原來是美男計。估計好多人都暗中苦惱：「怎麼這種『艱巨』的任務就不落在我的頭上呢？」

接下來的事情有如荷米斯所說，喀耳刻將奧德修斯迎至家中，殷勤地奉上下了料的食物。

當她拿出魔棒，準備施咒時，奧德修斯搶先一步，將劍指向喀耳刻。看到英氣逼人的奧德修斯，女神像換了個人一般，嬌聲說道：「英雄，收起你的匕首，我倆郎才女貌，何必刀劍相向，不如共浴愛河！」

奧德修斯也沒有絲毫扭捏，直言道：「要我答應可以，但你要起誓對我不能有任何二心。」

魔女平時連兇悍的獅子和老虎都不懼怕，但遇到心動之人時，身體是誠實的。兩人一番雲雨之後，喀耳刻立刻對奧德修斯佩服得五體投地，將他的豬隊友全都變回人形，還大擺酒席款待他們。大家盡釋前嫌，把酒言歡。就這樣，在這「春色漣漪」的溫柔鄉里，一夥人轉眼就渾渾噩噩地過了一年，注意，是一年！

還好，奧德修斯的身邊還有幾個人意識清醒。經他們堅持不懈的抗議，奧德修斯才想起自己老家還有妻兒。

繽紛天地

1 死人谷之九重地

奧德修斯把離開的打算告訴了喀耳刻，魔女倒也沒哭沒鬧，只是平靜地告訴他，只有去一趟位於九重地的死人谷，拜訪那裡的盲眼巫師特伊西亞斯，才能順利回家。

喀耳刻本以為這樣說，奧德修斯會知難而退，沒想到奧德修斯毫不猶豫地同意了。

這個凡人死後的棲身之地和後來基督教所描述的天堂或地獄很不一樣。

荷馬稱，九重地入口邊上居住著一支古老的遊牧民族——辛梅里亞人，他們棲息的地方終年「雲霧繚繞，不見天日」。奧德修斯按照喀耳刻給出的提示，在那裡挖了一個深坑，然後遵從祭祀禮儀，先倒入蜂蜜拌牛奶，然後是甜酒，最後是清水和穀子。奧德修斯誠心向死去的亡靈祈禱，並用匕首割破兩隻羊的脖子，讓殷紅的鮮血流入坑內來招引鬼魂。看來希臘人在陰間也照樣是吃貨，只是口味變重，喜奶酒血湯。

沒多久，大群鬼魂如白煙般升起，凝固成人形，圍繞在奧德修斯身邊，有垂垂老矣的耄耋老人，有青春少艾的清麗女子，也有眉清目秀的慘綠少年。奧德修斯牢記喀耳刻的話，揮舞大刀，除了盲眼巫師特伊西亞斯外，不讓別人靠近。特伊西亞斯喝下鮮血後，暫時恢復元氣，開始吐露真言。這個德高望重的通靈者給了奧德修斯四條重要提示：

- 因獨眼巨人的眼睛被戳瞎，他老爹波賽頓對你恨之入骨，會處心積慮與你為敵。但若你們此後行事謹慎，或許還能平安到家。
- 無論如何，千萬不要去碰日神的牲口。如若不然，會付出死亡的代價。
- 最終成功回歸故里之日，你會喪失所有同伴，孤身一人面對一個支離破碎的家和一場腥風血雨。
- 不要以為你可以就此安然終老，未來的你註定再次漂泊，直到遇到一個從未見過船槳的民族。到時，你必須向波賽頓祈禱，解除他的仇恨，讓他不計前嫌地允許你安養餘年，然後你方可在家人的陪伴下走完此生。

本來因為「豬頭」波利菲莫斯和「魔女」喀耳刻等人物的出現而頗帶喜感的《奧德賽》，一下子畫風逆轉，開始變得有些悲涼。

緊接著，奧德修斯母親的魂魄飄了過來。想當年他離家時，母親尚健在，如今卻陰陽兩隔，實在令人感嘆。飲血之後，母親帶來了他急需知道的答案：「你的妻子忠貞不二，不肯再婚。儘管希望渺茫，她依然日夜期盼有朝一日能與你團圓。你的家產逐漸被懂事的兒子接手，但稚子畢竟年幼，勢單力薄，難免被人騷擾與威脅。你的父親隱居鄉間，與僕人一同生活，雖然年邁體弱卻仍然思念你。至於我……我並未被人暗算或身患疾病，只因思念你過度，終日啼哭導致元氣耗盡。」聽到這裡，奧德修斯忍不住伸出雙臂，想將母親攬入懷中，但連著三次都只有一縷青煙，觸摸不到任何血肉之軀。兩人只能傷心作別。

奧德修斯的母親走後，迎上來一群女眷，有出身尊貴的公主、王公貴冑的千金、母儀天下的王后和受人尊重的夫人等，都與奧德修斯一一攀談。最後他還見到了在大戰中或路上命喪九泉的戰友們，首先是阿伽曼農。這個當年風光無比的三軍統帥哭訴著自己的厄運：「我從特洛伊千里迢迢趕回老家，剛踏進門就被內人和姦夫謀殺。我死時，伸在半空的手還揮舞著，眼睛都沒合上，就直接來到了九重地，真是慘絕人寰。所以聽我一句忠言，不要輕易對別人推心置腹，包括你的妻子。等你到家時，多留些心眼，切忌大張旗鼓。還好，據我所知，你的夫人無比忠貞。你走時，她風華正茂，懷抱幼子；你走後，她孝順公婆，持家有道。還是你命好，有一天還能將少公子攬入懷中，我那賤人連兒子都沒讓我看一眼。」

在不久的將來，阿伽曼農的兒子手刃母親，替自己的父親報仇。但就算在希臘這個父權主導的社會，作為一家之主的少爺私下處決出軌、弒夫的母親還是引發了巨大爭議。由此在神界所引發的討論和仲裁被寫進了一部大名鼎鼎的希臘悲劇裡。這是後話。

接著上前與奧德修斯交談的是希臘第一勇士阿基里斯，當年他被帕里斯的毒箭射中腳踝，死於特洛伊。他幽幽地哀嘆，與其待在這個不見天日的地方做王，還不如在日光下的人間做隸農，所以囑咐奧德修斯千萬要珍惜生命，不要寄望於下世。

話題一轉，阿基里斯詢問自己年邁的父親珀琉斯是否安康，是否因為他不在身邊照顧而被怠慢。還有自己的犬子，是否如他期待地成了一名人人敬佩的英雄。

奧德修斯答道：「我並無令尊的消息，但可以告知仁兄，您走後，貴公子加入了攻打特洛伊城的行列。在議政時，他言辭得當；在衝鋒時，他身先士卒，尤其是當我們用計躲在木馬裡被特洛伊人帶入城中時，許多人都嚇得渾身發抖，但他全無懼色。在最後破城的混戰中，他英勇不屈，絲毫不輸你當年的風采。」

阿基里斯聽了之後備感欣慰。

阿伽曼農和阿基里斯走後，第三位英雄上前。他看到奧德修斯的臉龐後一言不發，不論奧德修斯如何挽留，轉頭就走，這可真是尷尬了。不錯，這位勇士名叫大埃阿斯，生前為了爭奪阿基里斯的鎧甲而被奧德修斯活活氣死——具體緣由請看番外篇。

死人谷可是破天荒地有客來訪，嗅血而來的鬼魂越聚越多，密密麻麻地圍在奧德修斯身邊，眼睛直勾勾地在他和地上的酒奶血湯之間徘徊。奧德修斯唯恐夜長夢多，快速起身離開了這陰慘淒涼的九重地。

他回到了喀耳刻的居處。魔女見奧德修斯安然歸來，便知他有天命護佑，必當如願回歸故土，非強力所能挽留。既然如此，魔女便知無不言，言無不盡，把前面一路上會遇到的危險徹底向奧德修斯劇透了一遍。知己知彼，百戰不殆。靠這些高含金量的資訊，奧德修斯得以通過半人半鳥的塞蓮和海上雙怪獸斯庫拉和沙布里這兩大難關。

2 太陽島的神牛

從斯庫拉和沙布里手中死裡逃生後，他們一路漂泊到了日神名下的仙島小憩。奧德修斯牢記特伊西亞斯的警告，讓所有人發誓絕不碰那裡的牲口。但整整一個月都天氣異常，一行人等被困在島上無法啟程，隨身攜帶的乾糧已經吃光，眾人饑腸轆轆，意志開始動搖。這也不能全怪這些將士，十年征戰，十年漂泊，這一路上他們損兵折將，歷盡艱辛，已經由當初浩浩蕩蕩的大隊人馬變成可憐的零星幾人。

另外，同為隊友，別人卻不像奧德修斯一般擁有主角光環，可以跟神仙滾床單，下陰曹地府做客敘舊，聽動人心魄的魔音，與獨眼巨人鬥智鬥勇。此外，奧德修斯常常行事詭異，缺少透明度，為此招來了不信任和猜忌。之前就因為懷疑奧德修斯從風王那裡拿回來的袋子中藏著金銀財寶，同伴們偷偷將其打開，結果艦隊被裡面封印的暴風一陣狂虐。

這次在太陽島，積怨已久的眾人又對奧德修斯的禁令心生不滿。所以各位領導要注意了，團隊中的抵觸情緒如不及時安撫，很容易在關鍵時刻暴發，釀成大禍。

終於，怕什麼來什麼：奧德修斯的戰友們決定不顧他的再三警告，趁他熟睡時，將日神珍愛的神牛捕殺吃掉。

這下可闖大禍了，日神馬上到天庭找宙斯論理。眾神之父雖私生活糜爛，但如果事不關己，便賞罰分明，雷厲風行。為示懲罰，宙斯閃電打雷，掀起千重浪，將奧德修斯一行人的船隻全部打翻，導致男主以外的隊友集體遇難。

3 精靈卡呂普索

接下來的一幕有些俗套：落難的英雄被絕色佳人相救，兩人瞬間天雷勾動地火，感情噴發，這部狗血劇的女主就是精靈卡呂普索。卡呂普索獨自一人在孤島上居住，已經幾百年沒有見過異性，可以說早已「習慣了寂寞，不再相信愛情」，直到美男子奧德修斯意外出現，她猛然「一眼萬年」「終於等到你」。或許有人要問一句：這個主動獻身的精靈自身條件如何？從荷馬的言辭中可以看出，人家就是仙氣飄飄、顏值逆天的仙女本尊。除此之外，卡呂普索還自帶一座海島，不但地產和能源豐富，還有山有水、鳥語花香，極其宜居。不但如此，卡呂普索還知曉古代皇帝求之不得的一樣東西：長生不老之術。更重要的是，條件如此優秀的仙富美對奧德修斯死心塌地，怎麼看怎麼愛。

估計不少人會納悶，這種好事怎麼就沒落在我的頭上呢？如果有這種機遇，再危險也要被宙斯扔到海裡去。

和卡呂普索好上後，奧德修斯在精靈島上一待就是七年。荷馬非常明確地告訴我們，奧德修斯晚上與精靈小姊姊同枕共眠，白天坐在海邊思念老婆和兒子，這種情況一直持續到討論他命運的歷史性大會在天庭召開。

讓奧德修斯回家的提議通過後馬上生效。荷米斯被派下凡來宣讀決議，並做卡呂普索的思想工作。卡呂普索縱有一萬個不甘心，也只能低頭。但她對前來規勸的荷米斯滿是怨氣，指著他的鼻子，發表了一篇抨擊男女不平等的演說，足以讓當代女權主義者刮目相看：

你們這些變態的男神，嫉妒心更勝於世上的凡人。每當女神要睡男人時，你們就義憤填膺。比如當黎明女神看上了俄里翁（Orion），一個身材高大的射手，你們就充滿怨恨，直到禁欲的阿蒂蜜絲將他射死。又比如當狄蜜特愛上了英俊迷人的傑森，也不被待見，最終宙斯將傑森用雷電當場劈死。

如今你們也用同樣的手法對我！當初我一手救下了這奄奄一息的男人，他身邊的同伴已全數陣亡，只剩他一人抓著一塊浮木在水裡垂死掙扎。我見到他的第一眼就從心底裡喜歡，想讓他長生不老，伴我終身。

說到這裡，卡呂普索一臉嬌羞，但她又長長嘆了口氣：

但我也知道，宙斯和奧林帕斯眾神下達的旨意難以違抗。既然這樣，如果他有本事就自己走，但別想讓我提供任何幫助。

作為女神，卡呂普索一旦遇到心儀之人，便傾其所有，愛得毫無保留，這沒有一點毛病。問題在於，她所傾慕之人是有家室之人：人家的老婆和孩子就在不遠的伊薩卡。

就算卡呂普索是仙人，不能以「世俗」的眼光去看待，她也絕非能與奧德修斯心意相通、舉案齊眉的另一半。在荷馬的描述中，兩人平時的對話少之又少，奧德修斯的大部分時間在想念家鄉，而枕邊人卡呂普索對此似乎毫無察覺。如此心思遲鈍，怎能與古希臘第一精於算計的男神走到一塊？

要知道什麼樣的女人能與奧德修斯勢均力敵、相輔相成，甘心讓他明媒正娶、託付全家，並在經歷那麼多妖豔小姊姊後，依然佔據他心中的重要地位，大家一定要繼續往下看。

總之，卡呂普索勉強袖手旁觀，任由奧德修斯憑一雙巧手紮了一個簡陋的小木筏，然後悄然離去，真是一段孽緣啊！

奧德修斯乘坐的木筏在海上不幸被缺席會議的波賽頓發現，遭無情打翻。落水後，奧德修斯一路掙扎，直到被善良的費阿克斯人解救，才時來運轉。

4 一路上的風景

在隨奧德修斯正式回家之前，讓我們先把他在外遇到的人物按次序耐心爬梳一遍：

- 先有被希臘人殺傷搶劫而後瘋狂報復他們的色雷斯部落。
- 再有吃藕人和讓人丟失記憶的蓮藕。
- 自然還有狂妄自大、目中無人的獨眼巨人波利菲莫斯。
- 接著是風王和他裝著狂風的袋子：讓奧德修斯的同伴誤以為裡面暗藏珠寶，在路上偷偷打開，以致明明都要進入伊薩卡的海域，又被大風吹了回去。

- 將活人做成巨型肉串的食人巨魔。
- 將希臘人變成豬又變回人的魔女喀耳刻，與奧德修斯好吃好睡了一年。
- 陰森淒涼的死人穀九重地和眾多已過世的希臘名人。
- 塞蓮歌聲毀人心智，導致水手失誤、船隻觸礁。
- 埋伏在海峽兩側的超級怪獸斯庫拉和沙布里。
- 日神飼養的神牛，被偷吃後，希臘人除了奧德修斯以外全軍覆沒，喪命海底。
- 將奧德修斯救起的精靈卡呂普索，此女將他困在身邊達七年之久。
- 品德出眾的費阿克斯人，最終將奧德修斯安全送回家。

總之，奧德修斯一夥人這一路下來驚險萬分，沒一刻讓人省心。

最後要提一下費阿克斯人，因為他們的下場令人十分唏噓。善良的費阿克斯國王隆重接待了奧德修斯，並派人送其返鄉，另外還奉上大批珍寶，其價值遠遠超過奧德修斯一夥人從特洛伊所掠奪的。奧德修斯可以說是鹹魚翻身，走了狗屎運。可波賽頓開始鬧情緒了：本想好好教訓奧德修斯，替兒子波利菲莫斯報仇，誰知奧德修斯這小子竟然如此風光地衣錦還鄉，讓他堂堂海神情何以堪？諸天神也頗為內疚，可誰讓波賽頓在關鍵時候偏偏不在？就像缺席人民大會，等議題通過表決，蓋了章，全國下了通報，再難改變，能怪誰呢？後來，小氣鬼波賽頓想出一個讓人不齒的辦法：將費阿克斯人護送奧德修斯的艦隊化作石頭，以示懲戒。費阿克斯人明明是做了最值得讚揚的事，卻因被遷怒而遭到殘酷的打擊報復，可見波賽頓就是一個滿不講理的渣神。

好人不得善終，思之無不讓人心寒後怕。

這樣顛倒黑白的結局該如何解讀？難道此中的教訓就是大家以後都自掃門前雪，少管他人事？個人的自我保護意識無可厚非，誰都沒有義務冒著生命危險去見義勇為，但如果荷馬的世界裡存在著強大有效的輿論監督和制裁機制，費阿克斯人的悲劇就能避免：神靈不管法力多強大，也依賴人間的供奉才能夠香火旺盛。大家一旦聯合起來，連高居奧林帕斯山的天神也須忌憚三分。所以這件事恰恰更彰顯「天下興亡，匹夫有責」和「明辨是非，挺身而出」的道理。

一個合理化的世界依賴一套支援和維護仁善的良性機制。有朝一日，當社會給予最平凡的人足夠的保障和資本仗義執言、逢亂必出時，人性裡的美好才會不斷迴圈滋長，而不是停滯為蒼白的道德口號。在這方面，就算最厲害的宙斯肆意妄為，顛倒黑白，我們也要有勇氣把他拉下馬（或推下奧林帕斯山）。古希臘人從來不怕就對錯進行討論、爭辯和抗爭。作為他們的死忠粉，我也表示不懼。

5 女人的世界

前面問道，究竟如何睿智、聰慧的女子才能成為奧德修斯的妻子，並讓他在外面「亂花叢中過，片葉不沾衣」？

仔細的讀者可能已經發現，在希臘神話裡，女性人物舉足輕重，絕不只是依附男人的花瓶，因此在這一章裡，我們著重講一講巾幗不讓鬚眉的女子們。

前面所講的奧德修斯在外流浪的內容占《奧德賽》全詩的第六到十二章，其中大部分來自他在費阿克斯王宮裡的自述（第八到十二章）。

這部史詩最前面的第一到四章，被稱為《鐵拉馬庫斯記》，因為它們圍繞著奧德修斯修斯的兒子鐵拉馬庫斯（Telemachus）而展開。在開篇時，奧德修斯還滯留在卡呂普索處，尚未成年的鐵拉馬庫斯不得不出門四處打探父親的消息。這位伊薩卡的少主算是真的在逆境中求生存：在他家中有一百零八位王公貴族正在騷擾他母親，終日白吃白住，飲酒作樂，甚至還圖謀不軌，巴不得他在外面發生點兒「意外」。

6 回歸後的海倫

鐵拉馬庫斯出訪的第一站就是邁錫尼。（還記得施里曼的考古遺址嗎？）此城位於希臘伯羅奔尼薩斯半島東北部，是墨涅拉奧斯和海倫的老家。沒錯，當年那個啟動千帆，引發無數紛爭的世間第一美女海倫已毫髮無損地回到了希臘。

據說攻破特洛伊時，墨涅拉奧斯準備按照腦中幻想過千萬遍的畫面，一劍殺死這個與人私奔的賤婦，但兩人相見時，一陣輕風拂過，把海倫的上衣吹起，露出她美麗豐滿的胸部。墨涅拉奧斯看到後欲火攻心，不能自已，於是又和她重歸於好，恩愛如初。果然，長得好看就是沒天理！

重新投入老公懷抱的海倫回到希臘後日子過得順風順水。在接待鐵拉馬庫斯時，荷馬告訴我們：「她從一個香豔的高棚臥室裡走出，侍女在她面前放了個豪華的座椅，在上面鋪了柔軟的羊毛坐墊，海倫才緩緩坐下。」荷馬稱讚她光芒四射，氣場強大，有如手持金杖的天神阿蒂蜜絲。

看到突然到訪的陌生少年，異性經驗豐富的海倫毫不羞澀，從容地上下打量道：「貴客為何看上去如此臉熟，像極了詭計多端的奧德修斯？」墨涅拉奧斯也附和：「沒錯，你眉眼間的表情與奧德修斯神似。」與鐵拉馬庫斯同行的少年與忒勒同行的佩西斯特拉托斯在旁證實了兩人的猜測：鐵拉馬庫斯確為奧德修斯之子，還在繈褓中便由母親獨自撫養。一時間，墨涅拉奧斯和海倫驚嘆不已。回憶跳到了那場耗時十年，讓無數英雄競折腰的特洛伊戰爭。

鐵拉馬庫斯牽掛自己生死未卜的父親，與忒勒同行的佩西斯特拉托斯則回憶起自己陣亡的弟弟，墨涅拉奧斯哀嘆被殺害的哥哥阿伽曼農，海倫則偷偷想到自己的前任帕里斯。一時間，所有人都淚灑衣襟。

這時，海倫拿出一服「開心散」，放入酒中，據說可以讓人忘記痛苦。這樣的靈藥不知她是否經常給自己的老公服用，以助兩人恩愛如初。

待拭乾眼淚，海倫追憶起奧德修斯的智勇雙全：「當年你父親有一次巧扮成乞丐，隻身一人到特洛伊城裡搜集情報，後來被我領去沐浴更衣——海倫真熟女也——在與他近距離接觸後，他的真實身分被我發現了。他極其凶蠻地逼我發誓不准對外洩露，其實我已經後悔來到特洛伊，一心只希望希臘人能大獲全勝。」她的前任帕里斯聽到這些話，估計要哭暈在廁所了。

這時，墨涅拉奧斯也回憶道：「我對奧德修斯的出色才智印象深刻。當年攻城時，我們隱藏在木馬裡，特洛伊人對此渾然不知，拆了自己的城牆，將木馬牽入城內。可是老婆大人您來了，模仿了好幾位將領夫人的家鄉口音，殷切呼喚她們的夫君，學得惟妙惟肖，讓他們聽了都忍不住想沖出去與外面的『親人』相認。還好奧德修斯及時阻攔，才避免計畫失敗。」墨涅拉奧斯教科書式的打臉現場，表面上是誇讚奧德修斯機智，但實際上毫不留情地揭穿了海倫。若真的「身在曹營心在漢」，為何又搞這一出試探自己人的戲碼？

可以看出，經歷了這麼多大起大落，縱是破鏡重圓，這其中也有不足為外人道的微妙。荷馬作為敘述者，從不對海倫加以任何粗暴的道德評判，他只是客觀地描述，告訴我們在那個月明星稀的夜晚，阿特柔斯（Atreus）的兒子墨涅拉奧斯在雕樑畫棟的裡屋安寢，在他身邊睡下的是女神海倫——一個在人群中熠熠發光的女子。既然人家的丈夫都選擇了難得糊塗，那我們這些吃瓜群眾也就無須再糾結了。

海倫的迷人之處絕不僅僅是她的傾國傾城之貌，更來自她對自己命運的勇敢追求。對這樣一位厲害角色，古希臘人的態度十分豁達。西元前五世紀，一個名叫高爾吉亞的修辭學家寫了一篇《海倫頌》，把所有討伐海倫的理由駁了個遍，從此名聲大振，一炮而紅。在我看來，《海倫頌》雖行文工整、辭藻華麗，但內容牽強附會，強詞奪理。它的流傳決計與希臘社會對海倫的喜愛和寬容分不開。

本來發動戰爭、調動人馬、運籌帷幄的都是男人，非要把全部罪過推到海倫頭上，不但牽強，還大有推卸責任之嫌。相比不幸的褒姒和楊貴妃被扣上了「美色誤國」之名，自我放飛的海倫卻被希臘人供在神壇，千方百計地保護，這巨大的差距讓人感嘆。

了結恩仇

1 伊薩卡的土地

接下來的第五到十二章裡，《奧德賽》的故事從鐵拉馬庫斯轉移到奧德修斯身上。

在第十三章，奧德修斯在費阿克斯人的協助下終於回到伊薩卡，但直到第二十四章，才與自己的父親相認，這中間因何耽擱良久？

護送他回來的費阿克斯人將熟睡著的奧德修斯輕輕放在伊薩卡的沙灘上，便自行離去了。

奧德修斯醒來的時候，起了大霧，一時不知身在何處。被害妄想症患者奧德修斯的第一個念頭便是費阿克斯人欺騙了他——直到看到他們贈送的財寶完好無損地放在身邊，才放下心。

這時，雅典娜出現了。她化身為一個牧童與奧德修斯攀談。奧德修斯卻與她扯東扯西，不肯透露身分。雅典娜哭笑不得：「我是宙斯的女兒雅典娜，這麼多年一直守護在你身邊不離不棄，對你瞭若指掌，所以無須再騙我。現在你雖然登陸伊薩卡，但厄運還遠遠沒有結束，你先把這些財寶藏起來，不讓人知曉，我會讓你看起來狼狽不堪，這樣便沒有人能認出你。面對各種挑釁，你必須學會忍辱負重，步步為營，等時機成熟再絕地反擊。」

之前說過，奧德修斯走後，府中迎來了一百零八個求婚者，表面看上去熱鬧非凡，實際上卻是暗流洶湧。有了阿伽曼農的前車之鑒，又有雅典娜的再三提醒，結果奧德修斯明明離老婆、孩子、熱炕頭只有幾步之遙，卻不得不喬裝打扮，隱姓埋名，但這可難不倒我們唱作俱佳的「影帝」。

他先鬼鬼祟祟地溜達到城外林子邊的小屋，投靠了那裡的一個過去的手下，一個負責養豬的僕人。

如果說費阿克斯人是熱情好客的海外標杆，這個養豬人就是伊薩卡的本土代表。看到衣衫襤褸、身形猥瑣的乞丐突然登門造訪，老僕人不但沒有任何嫌棄，還好吃好喝地招待他，並在言語之中透露出對那些前來鬧事的求婚者的痛恨。

奧德修斯聽著心裡樂開了花。奧德修斯雖放鬆了警惕，但不妨礙他繼續吹牛，稱自己為克里特人，是一戶富貴人家的庶子，加入了特洛伊戰爭，在回來的路上丟失了全部財物。

與此同時，雅典娜將鐵拉馬庫斯召回，讓父子二人在林中小屋偷偷相認。

根據鐵拉馬庫斯提供的情報，奧德修斯制訂了一個世紀版的復仇計畫。

二人準備妥當後，第二天直奔府宅。奧德修斯喬裝為乞丐，鐵拉馬庫斯則假裝毫不知情。

一踏入久別重逢的家門，第一個識破奧德修斯的竟然是忠犬阿爾戈斯。這條狗正趴在一堆臭屎上鬱鬱寡歡，突然看到失蹤多年、衣衫襤褸的主人，立即欣喜若狂地豎起耳朵，拚命地搖動尾巴。沒錯，阿爾戈斯就是奧德修斯以前親自收養並訓練的小奶狗，當年沒來得及帶它去打獵就出征特洛伊了。如今阿爾戈斯按狗齡已經成了老爺爺，還被求婚者們欺負虐待。奧德修斯見到心愛的寵物如此蒼老，忙轉過頭去，忍住眼淚。阿爾戈斯恐怕從沒料到，失散二十年的主人會在今天悄然回歸。它再次聞了聞奧德修斯身上熟悉的氣味，呼出最後一口氣，滿足地死去。至今我們還能在一些羅馬壁畫上看到阿爾戈斯的忠貞模樣。愛狗人士讀到這裡，肯定要流淚，為這只忠犬點讚。

大廳裡一百多號求婚者正飲酒享樂。反正消耗的不是他們的物資，搞不好還可以娶到潘妮洛碧（Penolope）並繼承所有財產——這筆買賣無論如何都穩賺不賠。

奧德修斯目睹這些人的醜態後，強忍一腔的怒火，繼續扮演乞丐。他顫顫巍巍地走到大吃大喝的求婚者們跟前，輪番向每一個人乞討食物。在《奧德賽》裡，欺負弱勢群體的人都沒有好下場。這個「自作孽不可活」的機會自然有人不肯放過。貴族子弟中有個叫安提諾烏斯的王子，不肯向奧德修斯施捨任何食物，並對他謾罵喝斥，末了還朝他扔凳子，眼看就要發生肢體衝突。

潘妮洛碧在樓上聽到了動靜，派侍女前來制止，並約這個乞丐上樓詳談。從這裡開始，我們的大女主潘妮洛碧就閃亮出場了。

2 不簡單的女主人

求婚者已對潘妮洛碧苦苦糾纏了好長一段時間。他們白天大擺宴席，晚上舉辦綜藝晚會，把奧德修斯家弄成了一個快樂大本營。

一開始，潘妮洛碧聲稱自己先要為岳父織一件壽衣才同意改嫁。但她白天織，晚上拆，靠這個障眼法將那些追求者拒在門外長達三年之久。這對高智商的夫妻可謂旗鼓相當：讓奧德修斯走紅的是特洛伊木馬，讓潘妮洛碧出名的則是織不完的壽衣。後來潘妮洛碧被身邊的侍女出賣，追求者們得知真相後惱羞成怒，開始跟潘妮洛碧耍賴，逼她必須近日擇人改嫁。

眼見家產要被消耗殆盡，鐵拉馬庫斯的處境也四面楚歌，事情已到了山窮水盡的地步。端莊美麗的潘妮洛碧出現在眾人面前，再一次驚豔了所有人。有個叫歐律馬科斯的小夥子驚嘆道：「還好我們這裡比較偏僻，如果其他地方的人見到你的容貌，只怕還會來更多的求婚者。」

面對這些如狼似虎、志在必得的求婚者，潘妮洛碧沒有絲毫膽怯驚慌，她緩緩說道：「當年我丈夫離開的時候就這樣叮囑我，『夫人，此去特洛伊山高水遠，且敵人驍勇善戰、兵強馬壯。在我看來，希臘人未必可以全身而退——我只能祈禱天神保佑我平安歸來。我走後，家中的大小事務由你掌管，請務必念著我們夫妻之情，照顧好我的父母，撫養我們的兒子，待他長大成人後，若我還未歸來，你大可改嫁⋯⋯』如今看來，他當時的預言應該都不幸言中，我離改嫁之日真已不遠。不論如何，我出身顯赫，現在又是名門望族的夫人。你們既然口口聲聲要追求我，也需拿出誠懇的態度，送上些價值不菲的聘禮才是，而你們卻成日在此白吃白喝，毫無風度。」

潘妮洛碧的一番話讓追求者們感到勝利在望。但是一旁的「乞丐」奧德修斯卻知道，潘妮洛碧不是想從他們手中騙些財物，實際上她另有打算。不愧是高智商的夫妻，的確心有靈犀一點通。

我們說過，希臘人特別好面子，在大庭廣眾之下被美女一激，眾公子哥當然要積極回應了：有人拿來一件鑲有金色扣子的精緻大衣，有人拿來一條如太陽般耀眼的項鍊，還有人拿來一副垂著三種不同瑪瑙墜子的耳環。潘妮洛碧毫不客氣地收下這些禮物，然後拋下眾人，回到樓上的閨房裡。大廳裡則開始準備每晚必辦的狂歡派對。趁此雜亂之際，奧德修斯交代鐵拉馬庫斯把所有武器偷偷移到儲藏室內。

天黑後，父子二人先將外面掌燈的侍女關了起來，於是走廊裡一片黑暗。這個時候，雅典娜現身，用一盞亮如白晝的金燈在前面為他們照明。鐵拉馬庫斯小聲驚嘆：一定是有神靈暗中相助。一旁的奧德修斯則非常淡定——什麼樣的女人你老爸沒見過？——「不可妄言天神，我先去會會你母親，明天再接再厲。」於是，奧德修斯走向潘妮洛碧的閨房。

3 哪來的乞丐？

潘妮洛碧和奧德修斯分開已經二十年了。

要知道，二十年來，這對伉儷「身經百戰，倍受考驗」：丈夫在外面屢屢「命犯桃花」，卻心心念念想要回家；妻子在家面對眾多求婚者，卻總是推三阻四，不願重梳嬋鬢再嫁。

如今歷盡苦難再次相見，是會驚慌失措還是抱頭痛哭？都非也。兩人上演了一出「你猜，你猜，你猜猜猜」的好戲。不愧是戲精夫婦。

一個侍女先看到奧德修斯，她破口大罵：「你這穿著破爛的乞丐怎麼還不走！白天來討飯已經夠讓人嫌棄了，難道晚上還要在閨房這邊晃蕩，想占我們女眷的便宜嗎？」

潘妮洛碧聽到後忙斥退那個侍女，命人拿來一把椅子，上面鋪上柔軟的羊毛毯，請奧德修斯坐下，然後開始仔細詢問。

潘妮洛碧先上下打量了這個不速之客，問道：「貴客可否告知姓甚名誰？從何而來？是否還有家人？」

奧德修斯卻將話題轉移：「夫人，請不要問我為何人家鄉為何處，我不想在外人面前難過而失禮於您。但我卻聽說過夫人的大名，您的溫婉賢良遠近聞名。」

潘妮洛碧嘆了口氣：「在旁人口中品德出眾又有何用？當初，在諸神的默許下，我的夫君被軍艦載到特洛伊，從此杳無音訊，生死未卜。如若他及時歸來，尚能保住我的名節。但我現在身陷囹圄，雖有眾多追求者，但他們不過是一群想霸佔我家產的貪婪狂徒。我也曾試圖拖延時間，但身邊不少侍女投入求婚者的懷抱，並告發了我白天織壽衣晚上拆掉的計謀。奧德修斯走後，我沉浸在對他的思念中，無心再婚，但如今父母向我施壓，兒子身處險境，讓我舉步維艱。遠方來的客人，請體會我有多難，告訴我您從何而來，是否有我丈夫的消息？」

「夫人所言讓人敬佩，在下自當知無不言，言無不盡。」奧德修斯嘴上這麼說，但接下來又開始唬弄了，「我來自克里特，實不相瞞，當年我見過您的夫君。他和他的夥伴們因海上刮起狂風，一路被吹到了我們的島上。為盡地主之誼，我們用好酒和美食款待了他們十二天，直到風暴平息。」

在荷馬的敘述中，奧德修斯撒起謊來面不改色。潘妮洛碧聽後淚如雨下，但她沒有讓感情埋沒理智，故作雲淡風輕地問道：「尊敬的客人，您能告訴我他那天穿的是什麼嗎？」

「既然您問了，讓我好好回憶一下……當時天氣寒冷，他外面穿了件羊毛披風，上面夾著一隻雙頭的金別針，上面雕刻著一隻小狗和一隻被追逐的小鹿，披風裡面是一件精緻的長衫，特別柔軟明麗，見過的人無不讚美他那身打扮。」

「天哪，那是我親自為他準備的服飾，那只別針是他出征時我親自幫他戴上的，可如今他再也回不來了。」

「夫人，您不必悲傷，我有一個驚天的消息。在來此地的路上，我聽聞您的夫君正在返鄉途中，如若不出意外，這個月內就會回到伊薩卡。此事千真萬確，如若有假，我不得好死。」

針對這個「乞丐」說的唯一一句真話，潘妮洛碧卻表示不信：「您在刻意安慰我，我的第六感告訴我他不會回來了，我們夫妻註定要到下面的九重地再見。無論如何，當年您收留了我丈夫，就是我的恩人，讓寒舍上下好好款待你。這樣吧，睡覺之前，我叫佣人來幫你洗個腳，以表心意。」

奧德修斯急忙推辭：「我乃一落魄之人，怎能受此優待。況且那些侍女已經對我十分嫌棄，怎敢使喚她們。」但他轉念一想，又鬆了口：「但夫人執意如此，或許可找個年紀稍大、做事穩重且不鄙視我的老僕人。」

他提這個建議是有心機的。府中老人不多，指派來幫他洗腳的就是他的奶媽。奧德修斯年幼時腳上留下了一個特殊的傷疤，洗腳時一看到這個獨特的傷疤，奶媽立刻認出了他。眼見奶媽要驚呼出聲，奧德修斯立馬捂住她的嘴巴。此時，雅典娜在門外放哨，讓主僕二人可以放心相認。奶媽成了鐵拉馬庫斯之後知道陌生乞丐真實身分的第二人。

正式就寢前，潘妮洛碧又向奧德修斯詢問近日做的一個奇怪的夢。夢裡她看到院子裡有二十隻惹人憐愛的白鵝正在開心地玩耍。突然一隻兇悍的老鷹從天上俯衝而下，將那些鵝的脖子咬斷。她和侍女見此情形忍不住哭了起來，但那只老鷹卻開口稱是她的丈夫奧德修斯，並罵那些鵝是卑鄙的求婚者。

「尊貴的客人，您見多識廣，能否幫我解一解此夢？」

「夫人，此夢正好證明我之前所言非虛。如老鷹所說，奧德修斯近日就會回來，親自除掉那些來鬧事的求婚者，讓他們獲得應有的報應。」

潘妮洛碧卻搖搖頭，表示不信：「夢中之景真假難辨。據說世上有兩扇門，一扇獸角門，另一扇象牙門。獸角門中出現的意境真實可靠，象牙門內出現的畫面全是虛幻，永遠不會實現。奈何我的夢源自後者：這大概就是命運吧。明天我會為求婚者舉辦一場射箭大會，拔得頭籌的冠軍可以把我娶走。」

闊別二十年，奧德修斯夫婦再次重逢後沒有甜蜜地撒狗糧，而是貢獻了一段謎一樣的對話。潘妮洛碧所說的兩扇門成了西方文學裡的一個梗，凡是提到難以琢磨的玄幻真相時都會引用。

4 誰都逃不掉

第二天，招親大會正式開始。

兩個男僕將奧德修斯以前用過的大弓抬了出來，同時也有些傷感，因為他們知道，夫人將在今天擇人改嫁。

神奇的是，身強力壯的求婚者們費盡全力，也無人能夠徹底拉動這張大弓。

這時，偽裝成乞丐的奧德修斯表示願意一試。這個請求把求婚者們氣瘋了。潘妮洛碧卻執意要讓他試一下，兩邊僵持不下。鐵拉馬庫斯請他的母親先退回內室，然後以少主人的身分將大弓遞給衣衫襤褸的「神秘人」。

奧德修斯輕輕鬆松地就把弓拉開，然後一箭射中了靶心。

這時，天神宙斯在萬里晴空震響一聲雷鳴，表示祝賀。

求婚者們一看傻了眼，但準備已久的好戲才剛剛拉開帷幕。

接著，奧德修斯拉滿大弓，突然掉轉方向，對準了最囂張的求婚者安提諾烏斯，然後一箭將其斃命。

旁邊的吃瓜群眾嚇得目瞪口呆——說好的世紀大婚禮怎麼秒變人間修羅場？

一個比較機靈的求婚者馬上開始求情：「勇士，你已經把對你最傲慢無理的人殺了，應該解氣了，那就放過我們吧？」

想什麼呢？既然親自送上人頭，奧德修斯二話不說，冷笑著一箭把他也殺了。眾人一看這個陣勢，一場惡戰在所難免。鐵拉馬庫斯飛奔到儲藏室，為自己和父親去取武器，途中遇到一個之前曾羞辱過奧德修斯的牧羊人，想偷武器給世家子弟。鐵拉馬庫斯立即將他抓起來，關進了小黑屋。

再回去時，外面已經殺紅了眼，奧德修斯這邊人數少，但還好及時拿到了利器。混亂之中，神助攻雅典娜在房頂現身。仰面望去，只見一道金光在梁上停留。求婚者們見天神出面，立刻心虛膽戰、意志動搖。奧德修斯則越戰越勇，手中的寶劍揮舞起來有如蛟龍入海，似猛虎下山。

在彷彿世紀般漫長的一個時辰裡，這些仇人被殺得乾乾淨淨，一個都不剩……唯一躲過這場浩劫的只有兩個人，他們被鐵拉馬庫斯保了下來：一個是吟唱藝人，另一個是跑腿的送信者。

奧德修斯雖然身負血海深仇，但讓島上眾多名門之後在毫無準備的情況下當場斃命，其手段之淩厲令人咂舌。

除去外患之後便是以雷霆手段解決內憂。奧德修斯喚出被指認與求婚者們私通的十二個侍女，命她們清理屍體後，便將她們活活吊死。此處決方法不但殘忍，還極盡羞辱之能事。被關在小黑屋的牧羊人自然不能倖免，被割下鼻子和耳朵餵狗後受盡折磨而死。

至此，這場無比血腥的屠殺才落下帷幕。或許有人會為奧德修斯的以牙還牙拍手叫好，但畢竟人命關天，無論求婚者們如何邪惡，對他們的懲治也需要經過正規程式，而不是如奧德修斯般，跳過集體的仲裁和調解，濫用私刑。個人復仇或許能帶來暫時的痛快，但卻貽害無窮，正義的大範圍修復和長期紮根唯有通過艱難的對話與和解。

尤其讓人不安的是對那十二個侍女所用的極刑。在伊薩卡的男權社會裡，她們本就地位低下，難以抗拒求婚者們的威逼利誘，一旦失足，又被視為失去價值的物品，令主人蒙羞。很能說明問題的是這十二人在詩中連名字都沒有，可見歷史上往往最需關注的群體卻最容易被一筆帶過。

5 最後的相認

待一切後事處理妥當後，奶媽歡天喜地地跑上二樓，將潘妮洛碧推醒——這古代房屋的隔音效果可太強了，樓下人死了一片，樓上還能酣然大睡。「醒醒，夫人，快醒醒，老爺回來了，他現在就在大廳，剛把那些求婚者全都殺死。」

好夢被打斷的潘妮洛碧犯了起床氣，怒喝道：「奶娘，你是瘋了還是故意想要勾起我的傷心事？近日我心神不寧，無法安睡，今晚好不容易剛睡著，卻又被你吵醒。如果不是看你一把年紀，我一定要將你趕到街上去！」

奶媽委屈地辯解道：「那個衣衫襤褸的乞丐真的是主人！您的夫君回來了！如一隻驕傲的雄獅般殺死了所有欺負您的無恥小人！我給他洗腳的時候見到了他腳上的傷疤！他確實是奧德修斯！」

潘妮洛碧沉思了片刻：「好吧，親愛的奶娘，也許是天庭上的哪位神靈終於看夠了這些人的醜陋嘴臉，下凡來主持公道也未可知。雖然你說得活靈活現，我還是要親眼一見再做定奪。」

潘妮洛碧走下樓來，一路上心狂跳不止，滿心躊躇是該繼續試探這個人，還是直接走上前擁抱他。踏入鴉雀無聲的大廳後，她盯著那個乞丐慢慢坐下，也不開口。

一旁的鐵拉馬庫斯心急不已：「母親，您的心難道是石頭做的？父親在外時，您終日思念他，現在他歷經艱辛回來了，您為何一言不發？」

潘妮洛碧不急不緩地答道：「孩子，若真是你父親，我自然是喜不自勝。但這一切太突然了，或許眼前這位先生有辦法證明他的身分。」

奧德修斯笑了，果然是自己的老婆，永遠不忘試探別人。

他先讓僕人們去準備晚上的宴會，對外宣稱是為慶祝潘妮洛碧再婚，以掩人耳目。

到了晚上，兩人都精心打扮了一番。此時的奧德修斯看上去格外俊朗，他坐在椅子上，心裡暗自得意，認為妻子這下一定會認出帥氣十足的自己。不料潘妮洛碧讓奶媽帶奧德修斯去屋外歇息，並吩咐道：「外面的那張床是老爺當年親手打造的。」

奧德修斯聽到這話暴跳如雷：「你居然還不信我！這裡原先有棵一千年的橄欖樹，當年我親手將它的根基打造成一張精美的大床，並圍繞著它建造了我們的臥室，別說是人，就連神也不可能將它挪到外面！」

提起這樹床的秘密，潘妮洛碧才確認眼前的人是自己失散已久的丈夫。

6 背後的真相

潘妮洛碧一路的固執讓人困惑，畢竟，顯示奧德修斯歸來的徵兆已層出不窮。比如第十七章，鐵拉馬庫斯打探完消息，在回家的路上遇到一個被仇人追殺而尋求庇護的公子，鐵拉馬庫斯自然是按照「森雅」之道好好收留。這位落難公子有些神神道道，自稱精通占卜算卦，還能窺探天相，他信誓旦旦地告訴潘妮洛碧，她的丈夫正在歸途中，並預謀著復仇大業。

到了第十九章，奧德修斯假扮乞丐，透露自己將要歸來的實話，潘妮洛碧堅決不信，還用離奇的夢境混淆視聽。潘妮洛碧是否真的如此遲鈍，一直認不出自己的丈夫？這兩人在第十七章五百零八行就照面了，但到了第二十三章兩百零五行才相認。

有學者認為其中大有貓膩：潘妮洛碧其實在接見乞丐並讓奶媽給他洗腳時就已知道真相，只因身邊佈滿了求婚者們的眼線，只能假裝不知，而她說的不著邊際的夢話，實際上是在向奧德修斯暗示自己已將他認出。這個看法對人物的解讀影響不大，無非突出了潘妮洛碧的隱忍謹慎。

但也有人猜測，聰明如她，並非無法相認，而是不願相認。這樣一來，事情就變得十分有趣了。

對潘妮洛碧諸如此類的揣測與女權意識的覺醒有千絲萬縷的聯繫。從十二世紀開始到二十世紀初，潘妮洛碧代表的都是忠於婚姻的女性楷模。在男權社會裡，妻子理應對丈夫三從四德，無怨無悔。比如中國戲曲裡的王寶釧，貴為宰相之女的她下嫁薛平貴後，因丈夫入伍出征苦守寒窯十八年。後來薛平貴攀上代戰公主的高枝，一路青雲直上，留給王寶釧的卻是惡意試探和平妻的「美談」。

但從女性的角度思考，潘妮洛碧一定是矛盾的。一方面，她對奧德修斯有愛，所以不斷問詢，不曾放棄，但另一方面，畢竟分開了二十年，新婚的甜蜜在獨自苦苦支撐的日日夜夜裡一點點耗損，人的感情畢竟不是說扔就扔，說撿就撿，眼前這個人還是我夢中的少年英雄嗎？想當年，別人都沉迷於表妹海倫的美貌，他卻獨愛我的聰慧。而我還是那個癡情少女嗎？多少女人會被他矇騙，而我偏偏能看透他的心思。這份備受考驗的感情是更醇厚還是早已腐壞？正所謂近鄉情更怯，敏銳細膩如潘妮洛碧怎會不多思多想？

近幾年，有人寫了一部關於潘妮洛碧的現代話劇，突出女主複雜的感情，比如憤怒、委屈、懷疑。想想也是，丈夫新婚後便奔赴戰場，整整二十年杳無音訊。剩下她一個人苦苦支撐偌大的家族，照顧公婆，撫養稚子，還要應付絡繹不絕的追求者，這當中飽含了多少辛酸和無奈？任誰又怎麼可能毫無怨言？

不論心路歷程如何曲折，猜疑女王潘妮洛碧和謊言大師奧德修斯最終還是團圓了。他們睡在由橄欖樹打造的床上，慢慢交流這二十年來發生的點點滴滴。我們只能猜測奧德修斯是否會向潘妮洛碧坦白他旅途中的種種豔遇：就算奧德修斯避重就輕，含糊其詞，潘妮洛碧恐怕也能猜到一二。人世間有種感情，燒退了剛烈和純粹，最後卻因為「懂得」人性的軟弱和疏忽而慈悲，硬生生在玻璃碴裡開出慘烈的花。這兩人躺在一起時，最慶倖的恐怕是彼此都還活著，兜兜轉轉這麼多年，竟還能聽到對方的心跳。

最後，奧德修斯與隱居鄉間的父親相認，雅典娜擺平了被殺害的求婚者的家屬們，從此伊薩卡「天下太平」。可憐那一百多條人命就這樣嗚呼哀哉了。

《伊利亞德》以悲劇收場，遺留下很多問題，《奧德賽》有一個完美的大結局，但歌頌的是復仇和暴力，並借此鞏固了父權，讓人更加不安。帶著這些還未解決的爭議，經歷了黑暗時代的蓄勢待發，古希臘社會迫不及待地跨入了古風時代，並迎來了嶄新的格局：城邦的崛起。

Chapter 4

歷史的開啟

古風時代

1 偉大的革命

充滿傳奇的「黑暗」時代已成過去，接下來的西元前七〇〇到前四八〇年被史學家稱為「古風時代」：希臘人的故事從此正式從神話走向歷史。

古風研究近年來在學術圈十分火爆。有學者指出，古希臘在這兩個世紀裡經歷了天翻地覆的變化，借此一舉登上了文明的巔峰。

如前文所說，古風時代前期刮起了強烈的「東方風」：希臘人一方面大量吸取海外工藝的精髓，另一方面在審美上保留了自我特色。總體風格又潮又酷，是最炫民族風和霸氣國際范的完美結合。

與此同時，政治和經濟的巨大變革絲毫不遜色於文化上的絢麗多彩。

這個轉變有如村裡原來只住著十多個文盲，大家平時打獵放羊，沒事兒跟大神聊聊天，裸體練練功，炫一下英雄事蹟，日子簡單又樸實。由於沒有執行計劃生育政策，過了些日子，兒子多的家庭開始農地不夠分配，迫使一部分無產少年不得不遷居國外。在這股移民大潮下，希臘人打通了航道，開拓了海上貿易，開闊了國際視野。人口增加拉動了內部發展，隨之而來的是城鎮化率大幅提高，市政建設日趨完善。生活條件改善後，文人墨客更加意氣風發，時不時聚眾而歌，指點群雄。在史學家眼裡，希臘經歷了巨大變革，建立了影響後世的典範。因此，這場「文化再生」又被稱為偉大的古風革命。

這個評價十分中肯：古風時代的希臘不但在經濟、外交和文化領域交出了傲人的成績單，同時也在科學、思想和政治上有了質的飛躍。比如在西元前七世紀，位於愛琴海以東、地處小亞細亞的伊奧尼亞地區就孕育了一大批科學家和哲學家。這些先驅者不再從宗教裡尋找自然現象的解釋，而是靠觀察和論證來推演宇宙萬物的原理，為日後西方理性思維鋪墊了基石。

2 城邦的崛起

在這個充滿活力的年代，最惹人注目的是一種新政治單元的崛起：城邦（city-state）。城邦是什麼概念？從外在形態來說，它是一個囊括鄉間領土和市政建築的城市，城邦的中心一般是一個名叫「衛城」的高坡或山丘，聚集著各種公共空間，比如接受朝拜和祭奠的神廟，市民聚眾議事和進行交易的市政廣場（Agora），官員開會所用的議事廳（Bouleterion）等。與此同時，衛城有一個圍有二度城牆的堡壘，一旦遭遇敵人圍攻，可供全城居民避難。

有學者考證，史料中記載的希臘城邦有一千五百多個，其中最大的雅典在巔峰時期人口將近三十萬。雖然這個數位遠遠不及現在的都市規模，但城邦的意義不在於居民數量，也無關城市設施的完善與否，它所代表的是一種前所未有的公民意識：一個以打造平等、互助和自由為目標的共同體。

這個理想在古希臘歷史中不幸遭遇了巨大的矛盾和背叛，比如奴隸制的存在、對婦女與外邦人的壓迫。儘管如此，作為社會體制的城邦依然非常重要，如果能夠真正瞭解其背後的一套理念，就會對西方政治體系的由來有更深刻的認知。

史料裡詳細記載的城邦只有兩個：雅典和斯巴達。它們在哪裡呢？

如果把希臘本土攔腰切成三塊，中間的區域叫阿提卡（Attica）半島，下面就是伯羅奔尼薩斯（Peloponnese）半島，雅典的領土包含了大部分阿提卡的平原。

斯巴達則位於伯羅奔尼薩斯半島東南部的拉科尼亞（Laconia）地區。

別看這兩地相隔不遠，開車也就兩個多小時，可作為古希臘城邦發展的縮影，它們的畫風可有天壤之別。

雅典的民主

1 嚴厲的德拉古

西元前七世紀，雅典人口極速增長，社會正經歷轉型，大量自耕農因受到市場經濟的衝擊而陷入債務危機，貧富差距擴大，導致了「朱門酒肉臭，路有凍死骨」。

雅典的統治階級對底層百姓的遭遇非但不聞不問，反而放任他們被剝削欺詐，因而民怨沸騰，紛爭四起。為了穩定局勢，當權者不得不推出一系列變法和改革。

第一個出場的人叫德拉古（Draco）。

當時雅典的法律有一個很大的弊端——條文僅靠口頭傳播，沒有明確的文字紀錄。為此，法官在審案時徇私枉法，與有錢人沆瀣一氣，誆騙窮人的事件屢見不鮮。民眾要求將法律條文規範化，並刻在廣場的木板上以正視聽。這項修訂法律的重要任務被委託給一個叫德拉古的人。

不幸的是，德拉古是個偏執的施虐狂，信奉「猛藥去病，重典治亂」。他為雅典制定了一套毫無公平可言的法律。比如當平民欠了貴族錢財而無法償還時，舉家都會淪為奴隸，反之，則沒這麼重的刑罰。然而，最讓後世詬病的是這套法律的嚴苛程度：偷一顆白菜都是死罪。有人問德拉古，為什麼如此小錯大懲？答案是他還沒想出更重的刑罰來懲處其他更大的罪行。德拉古對石邑深澗的領悟只怕連修訂《大明律》的朱元璋也望塵莫及。下猛藥容易，但追究為什麼那麼多人會不顧風險地觸犯法律卻非易事。嚴刑峻法只能把問題暫時壓制下去，但無法杜絕其滋生的根源。大家看看朱元璋是如何懲治貪官就可見一斑：儘管出現剝皮實草這樣的極端事件，但明朝的腐敗之風卻未有大改善。

德拉古不久便被趕下了台。他移居到隔壁的埃伊納島。那裡的人聽說法律居然可以明文操作，紛紛拍案叫絕。有一次，德拉古在戲院裡看戲時被認出，觀眾興奮地向他扔帽子和大衣致敬，因為當時人太多，竟把他當場砸死了——至少後世的一本史書裡是這樣記載的。這隱藏的寓意對德拉古到底是褒是貶，大家可以琢磨一下，反正那些因為偷白菜被處死的人在九泉之下可以偷笑了。

所幸，接手這個爛攤子的人比較靠譜——他就是梭倫（Solon），貴族出身，被後人稱作「雅典民主之父」。

2 還好有梭倫

西元前五九四年，梭倫被選為雅典的首席執政官，隨即推出一系列新政來解決迫在眉睫的社會危機。這套政改方案被雅典人稱為「擺脫囚鏈」，內容包括：

- 禁止因債務將雅典公民變為奴隸，將以前因無力還債而被賣到異邦為奴的人全部贖身，並接回雅典。
- 將部分大戶地主霸佔的土地重新歸還給小農。
- 禁止出口農產品，保障國內糧食供應，橄欖油和葡萄酒除外。
- 鼓勵手工藝者和工匠來雅典創業和定居。

梭倫在政治方面的改革更為突出，其中最讓後人稱讚的是他敞開了公民大會的大門，允許所有年滿十八歲的公民參加，並由雅典四大部落各提供一百人，組成四百人的政務會（boule），負責準備大會的各項議題。這些改革讓原先半封閉的貴族議會演變成開放的全民組織。這個機構可不是個光走走形式，擺擺 pose 的橡皮圖章，而是實實在在的權力中心。它掌控的範圍包括軍事和外交的走向、法律的修訂和通過、官員的選拔和罷斥、財政的分配和管理等，在西元前五九四年後還獲得了審判部分案件的司法權，其職能在不久的將來還會不斷增加。這些事務在中國古代只有皇帝和少數大臣可以觸碰，但在西元前六世紀的雅典，年滿十八歲的公民就可參與這些與自己生活息息相關的討論和決策。在梭倫放了這一大招後，雅典走向民主的潮流便一發不可收拾。

在官員的選拔上，梭倫的做法還是趨於保守。為了改變貴族專政的局面，梭倫按財產把公民分為四個級別，最高兩個等級裡的成員可以擔任政府要職。這個方法比過去只注重家庭背景要好一些，但還是有違民主精神，在不久的將來會被更激進的政改淘汰。

可惜的是，即使開明如梭倫，也難逃歷史局限性。他的新法同時也限制了女性的財產繼承和活動範圍，因此進一步鞏固了父權，加深了「男尊女卑」的不平等。婦女地位的大幅度改善，還要再等漫長的兩千五百餘年。

梭倫不但在治國方面有雄才偉略，在作詩方面也很有造詣。這點可要讓中國的文人羨慕死。中國古代才華橫溢的士大夫層出不窮，但真正能實踐政治理想的卻屈指可數。這個窘境從屈原就開始了，一路到李白、杜甫、蘇東坡，都無一例外地懷才不遇，受人排擠。看多了想不得抑鬱症都難。而雅典卻輕而易舉地滿足了中國人「文以載道」「詩人治天下」的理想。

梭倫在雅典推行新法時被各方拉攏，窮人將他看成自己的救星，想徹底分配土地和財富；而富人則視他為自己的一員，希望他能維護上層階級的特權。兩邊都巴不得他奪權篡位，好從中獲利。

所幸梭倫很有骨氣，堅決表示不偏袒任何一方，也不當獨裁者。為了讓自己的新法固若金湯，不被各派遊說，他選擇了雲遊四海。知進退，不戀權，肯騰出位子，梭倫的「急流勇退」與他的變法同樣意義重大。還好，當時出國沒有護照一說，打了包就能走人，地中海可是個風景如畫、氣候宜人的好地方：民主之父絕對有資格好好享受一個長假。

梭倫走後，儘管沒人敢動他的新法，但局面依然動盪不安。西元前六世紀七〇年代，雅典出現了三個貴族黨派，彼此鬥得不亦樂乎。

但在古希臘，什麼樣的人算是貴族？這點需要具體說明。古風時代的貴族一般是指家境殷實、有海外關係、出身名門的子弟，他們自稱是天神或英雄的後人。

這批人作為一個階層，在城邦的早期階段扮演著領導者的角色，他們的統治被稱為寡頭政權，即少數精英執政。

儘管如此，豪門之間的相互競爭、監督和制衡異常激烈，這個階級也一直沒能建立起屬於自己的稅收機制和軍隊。因此與其他國家的執政者相比，古希臘的貴族未免又窮又弱，平時只能靠寫詩、喝酒、裸身鍛鍊來秀一下自己卓越的品位和審美，然後意淫一下自己超群絕倫的地位。

3 僭主庇西特拉圖

所謂「天下大事，分久必合，合久必分」，一個新人登上了歷史舞臺，他將作為雅典著名的僭主終結這三派的內鬥，他就是庇西特拉圖（Peisistratus）。

首先要聊聊僭主（tyrant）這個頭銜，它指的是一種不合常規、超出正常權力範圍的個人獨裁（tyranny）。「僭」這個字很好地包含了逾越和違憲的意思。對民主派而言，城邦由公民組成，而公民天生享有平等的參政權。當政府由一人或少數人掌控而成為僭主和寡頭政權時，則嚴重違背常理。基於這個強大的政治背景，希臘古風時代的僭主需要和中國的封建皇帝、羅馬的帝國君王和近代國家的獨裁者區分，因為這個稱號形容的並非高高在上、為所欲為的掌權者。相反，僭主若想在權力鬥爭中勝出，必須拉攏民眾，依靠他們的力量削弱貴族的勢力，所以一開始就底氣不足。

這一點在庇西特拉圖身上得到了充分的體現。

滋生了奪權之念後，庇西特拉圖做的第一件事就是哄雅典人民開心。好在庇西特拉圖不缺錢，可以不計成本地收買人心。他把一個非常大的私人花園像公園一樣對外開放，人們可以坐在樹下乘涼，孩子們可以採摘花果；窮人生病，庇西特拉圖會叫人煮一些雞湯、魚湯、蹄膀湯（這裡是比喻），殷勤地給他們送去；夏天，他會送雪糕、冰淇淋、鹽汽水

（這裡也是比喻）給老弱病殘；窮人和流浪漢不幸過世，他會出資妥善安葬。這些樂善好施的舉動讓他逐漸美名遠揚。

這還不算，當時雅典與附近的一個城邦邁加拉（Megara）交惡——希臘人屬於無戰不歡的群體——庇西特拉圖奪回了被邁加拉人佔領的薩拉米斯島（Salamis），從此名聲大噪，吸粉無數。他的時機到了。

4 事不過三

一天，庇西特拉圖出現在雅典集會中心的大會場。他招呼眾人前來，一把眼淚一把鼻涕地哭訴：「我的政敵對我恨之入骨，巴不得我早點死掉。只因我一心為民眾謀福利，影響到了他們的利益！你們看看，這就是他們對我所施的暴行！」他一邊說一邊展示自己身上鮮血淋漓的傷口：估計他的化妝技術不錯，那些提前偽裝的傷痕瞞過了眾人。最後庇西特拉圖提出請求，要雅典人為他提供安全保護。

精心營造的人設在此時起了作用，善良的人民立即同意了他的請求。

接下來的事情十分簡單，庇西特拉圖帶領雅典分配給他的私人保鏢佔領了衛城，然後成功篡位。梭倫曾告誡人們要提防庇西特拉圖的狼子野心，雅典人卻充耳不聞。這下好了，辛辛苦苦建立起來的民主小苗就這樣被輕易摧毀了。回到雅典後看到這一幕的梭倫，沒多久就鬱鬱而終。

雅典的僭主這麼容易當上？

要知道當時的城邦沒有職業員警和軍隊，完全不同於中國古代。雖說中國的傳統社會講的是忠孝仁義，愛民如子，但天子背後卻始終養一批私人的刑罰人員和武力機構，不聽話就馬上刀刃相對，家法、國法上身。只有繞過這些暴力執行者或將他們收入囊中，才能坐擁天下。

雅典的風格則是各派系天天吵架，有時也會拳腳相向，祭拜的也是一些不三不四的神靈，但在平等公民所組成的城邦中，沒有暴力機構長期生存的空間。雅典的執政者沒有御前侍衛、金瓜武士、御林軍、慎刑司，連容嬤嬤這種專門扇耳光的人也缺乏。保護城邦的重裝步兵是一支由自耕農組成的業餘隊伍，遵奉的是平等互助的原則，而非對上級的無限服從——何況也沒有任何「上級」可以肆無忌憚地向他人發號施令。

沒有武力機構的羈絆，庇西特拉圖靠幾個保鏢、強大的民意，以及與貴族的和解，一下子登上了雅典的權力寶座。

其實庇西特拉圖也十分不易，為當上僭主費盡心機，數十年如一日地討好民眾。可剛上崗沒幾天，雅典人看他不順眼，又把他踢走了。雅典人的任性可是世界無敵——庇西特拉圖到底是君臨天下，還是伺候祖宗，還真不好說。到了後期的民主時期，輿論更是有意忽略大眾一度對庇西特拉圖的喜愛，把這個打壓貴族、扶持平民的僭主罵得狗血淋頭。從這些方面可以看出，雅典民眾的自我意識一直很強，即使遭遇僭主，也沒有完全唯唯諾諾，聽之任之。

庇西特拉圖深得奧德修斯的真傳，練就了渾身是戲的本事（奧斯卡小金人應該給一個）。苦肉計上演過了，下次攜一個神幻劇捲土重來。

他前往農村，找到了一個高挑的美麗女子。古希臘的生活條件遠沒有現在優渥，人們普遍身材矮小，但這個女子竟有兩百多公分高，在當時非常罕見。庇西特拉圖讓她身穿盔甲，站在豪華的戰車上，擺出一個最仙女的pose，在大隊人馬的簇擁下駛入雅典。庇西特拉圖向大家宣佈，這就是女神雅典娜。然後讓人去四處傳播，以至於每個村子都聽說雅典娜下凡指引庇西特拉圖來造福天下。

你猜民眾的反應是什麼？竟然是歡迎，歡迎，熱烈歡迎！

這段歷史讓歷史學家很頭疼，難道雅典人的智商這麼低？難道希臘的權謀水準這麼低？歸根結底，對一般民眾而言，庇西特拉圖的種種所作所為不過是貴族爭權的手段而已，只要他肯為人民造福，何樂而不為？

可誰又料到，庇西特拉圖的僭主之位沒過多久又涼涼了。

希羅多德說，此次庇西特拉圖能順利殺回雅典，重登王位，除了上演口碑爆棚的神幻劇外，還與三大派系之一的首領聯姻，娶了他的女兒為妻。雖然已經結盟，但庇西特拉圖並不信任自己的丈人。為了防止與這家人有後代，他用了一個「極不自然的方法」行夫妻之事。

妻子一開始也不明所以——論生理常識的重要性——但在回娘家探親的時候把閨房的一些細節透露給了母親，庇西特拉圖的丈母娘又將它告訴了自己的丈夫。此首領聽後勃然大怒，聯合各方勢力趕走了庇西特拉圖。更神奇的是，東窗事發後，發現自己被利用的僭主夫人對庇西特拉圖依然不離不棄，一路追隨，還為此與父親決裂。

5 規規矩矩的統治者

庇西特拉圖真正開始穩定的僭主生涯是在西元前五四六年。

這一次，他編制了一個粗魯的武打劇：直接在外面找了一批雇傭軍，一鼓作氣，攻下了雅典衛城。民眾一開始不理他，後來虛張聲勢地組成了一個臨時軍隊，裝模作樣地打了兩下。到了中午太陽當空時，大家開始吃飯，打瞌睡，結果庇西特拉圖出面，三言兩語就勸他們都回家了。

雅典人，你們能不能走點心？但這種半拒半迎的態度恐怕也是出於對庇西特拉圖的深刻瞭解，確曉此人並無大害。

誰能料到，三次奪權、戲精附身的庇西特拉圖在雅典人民的監督下，成了世上最開明有為的君主。他的主要政績有：

- 促進經濟，為缺乏資金的貧苦農民提供土地、農具和種子。同時發展高端手工產業，引進能工巧匠，促進貿易出口。確保所有搞實業、靠一己之力吃飯的人勞有所得，讓他們免受商賈和官僚的欺詐和剝削。
- 禮賢下士，尊重公民大會的決定，接納不同政見者，與其他社會群體分享權力，讓政敵無話可說。
- 克己守法，完善司法系統，派法官去偏遠鄉間審查案件，保障下層人民的話語權。
- 發展文化，大力修建公共建築，資助藝術專案，豐富群眾的精神生活。《荷馬史詩》就是庇西特拉圖下令整理成文字的。
- 注重和平穩定。在庇西特拉圖統治的二十年間，雅典沒有發動任何武力侵略。懷柔的外交策略讓民眾得以安居樂業，休養生息。

因為這些成就，庇西特拉圖深受愛戴。當初拚了三次才登上僭主之位的他得以在雅典壽終正寢，笑到最後。

後世的亞里斯多德說庇西特拉圖的所作所為更像一個身居要位、心系天下的首席公民，而不是一個狂妄自私、為所欲為的獨裁者。

可惜權力交替是個人統治的軟肋。庇西特拉圖的幾個兒子比較糟心，老大希庇亞斯繼承了王位，老二有斷袖之癖，這在古希臘本來也沒什麼，可偏偏老二是個小心眼，被暗戀對象拒絕後便懷恨在心，試圖報復。可對方也是個狠角色，發現他的陰謀後便決意刺殺庇西特拉圖一家。儘管只弄死了弟弟，但希庇亞斯深受刺激，從此疑神疑鬼，排除異己，引起雅典人的極度不滿，不但很快就消耗掉老爸庇西特拉圖辛苦積累的政治資本，還落下了一身罵名。失去民眾支持的僭主之位搖搖欲墜。西元前五一〇年，在斯巴達的幫助下，希庇亞斯被雅典人輕而易舉地拉下馬。從此，雅典再無個人統治，而庇西特拉圖一家也被徹底黑化，與獨裁暴君畫上了等號。

6 人民的作為

希庇亞斯被趕走後，新一任的領袖一上臺就大刀闊斧地推動民主政改，他就是公民大會推舉出來的首席執政官克里斯提尼（Cleisthenes）。

這顆政治新星的背景有點嚇人，他出生於顯赫的阿爾克馬埃翁家族（Alcmaeonids），父親是將女兒嫁給庇西特拉圖的貴族大佬，爺爺在西元前七世紀憑一己之力將一名篡權者殺死（後來全家為此受到了詛咒），侄子伯里克里斯（Pericles）將在他之後呼風喚雨，開創一代盛世。可能大家看出來了，在雅典，致力於為人民服務的活菩薩都是貴族階級，兜來轉去都來自幾個名門望族。

西元前五一〇年，克里斯提尼聯合家族勢力和斯巴達軍隊，將第二任僭主希庇亞斯驅除出境，徹底結束了雅典的個人獨裁。

兩年後，他又與雅典民眾一起，制伏了企圖解散政務會的政敵和駐紮在雅典的斯巴達士兵。到西元前五〇八年，所有的阻礙都被清除，克里斯提尼終於可以放手施展他心中醞釀多時的民主宏圖，而他也絕沒有辜負這百年一遇的良機。

克里斯提尼上臺後的第一步就是打亂原來三大派系的領地，將它們各自分解成十個新的城區，然後從這三個領地裡分出一個新區，重新合併成十個名叫「部落」的行政單位。每個部落接著又劃分成三個「城鎮」（trittys），每個城鎮再進一步劃分成五個「村落（demos）。如此這般，整個所屬雅典的阿提卡地區最終被分解成一百五十多個小單元。這組煩瑣、累贅的行政改革究竟意欲何為？一方面，新的規劃有效打亂了貴族家族的地方勢力，防止他們拉幫結派或結黨紛爭；另一方面，它加強了權力的下放，有利於地方自治和基層管理。比如說，村落的一項重要職責就是將所有年滿十八歲的男子註冊在案，有如我們現在辦理的戶口證明。一旦有這個記錄，登記者完成為期兩年的軍事訓練後，便正式成為雅典公民，享受其應有的權益。再比如，十大部落負責上報各自的現役軍人，這些服役人員平時在一起訓練體能，打仗時一同進退，確保了雅典公民常備軍的人數和作戰力。十大部落同時也通過抽籤各選五十人，組成協調公民大會的五百人政務會。這些層層疊疊的社區組織在日常生活裡發揮了政府的功能，促進了大眾的團結與合作，大大提高了民間的自治能力。

以前雅典人見面都要說「我是某某某之子XXX」，有點家族背景的聲音自然會大些。而這之後都變成了「我是哪個村子的某某某」——土是土了一點，但不分高低貴賤，非常接地氣。

克里斯提尼的改革推行之後，公民參政的力度大幅提高。在接下來的幾個世紀裡，除了幾個短暫的特殊時期，此一推動民主政治的根基堅如磐石。

有一句話說：「羅馬不是一天建成的。」雅典的民主也不是一夜間橫空出世的。如果從梭倫開始算起，它的完善經過了好幾代人的不懈努力，一路上磕磕碰碰，邊摸索邊突破，經歷了挫折、政變和僭主等種種風波。可以看到，搞民主不是請客吃飯，無法一蹴而就，而是需要不斷進步和修正。

不得不提的是，在往後的歷史裡，日益強大的雅典對外大搞帝國主義，欺負其他希臘城邦，對內歧視非公民群體，到處壓迫奴隸、婦女和外邦人，這些違背民主原則的做法可以把人活活氣死。如果我們拉一個雅典人到現代，心平氣和地給他指出這些問題，估計他也會認識到他們所犯的錯誤有多麼不可饒恕。

但是，不管過程多麼曲折，實踐起來有多大偏差，對選擇民主這件事，我想大多數雅典人是不會後悔的。史料裡就出現過一些作者，明明一心嚮往寡頭統治，但還是心不甘情不願地承認雅典的這個制度確有其獨特的優勢。

如果不民主，還有其他更好的辦法嗎？難道寄期望於一個仁慈的獨裁者？還是告訴那些生來平等的普通人，他們沒有掌握自己命運的能力和資格？世間有些事往往需要摒除其他選擇。在別無他法之後，才會有不斷的努力和堅持，最終開闢出一條別人做夢都想不到的可行之路。

這裡強調一下，古希臘式的極致民主和我們現代所謂的民主可完全不一樣。

民主（democracy）來自希臘語 demokratia，字面的意思是「人民的能力、作為」。雅典的模式被稱為直接性民主或參與式民主，圍繞著極度平等和自主自治展開。

這兩個概念聽上去不錯，但究竟如何在現實中貫徹？其一是公民輪流擔任政府職位：以後期的五百人政務會為例，成員直接由抽籤決定，任期一年，不得重任，因此每個公民都有很大的機會擔任此職。其二是將日常參政的範圍無限擴大，例如將負責擬定法律、審理案件和彈劾官員（比如陶片放逐法）等眾多功能授予公民大會。而除了婦女、奴隸、外邦人外，所有到法定年齡的雅典男子都可以在公民大會上對這些事務進行討論和投票。政府還發放一定的津貼，確保工薪階層不因經濟損失而缺席。

與現代社會不同，一個追求絕對平等的社會是不歡迎職業政治家的。少數人對政治決策的掌控讓民眾對他們過分依賴，而不是通過相互團結來解決問題。就算遇上一代明君或偉大領袖，社會各層的自治和組織能力也會嚴重退化，等到下一代繼任者能力不濟或專制獨裁時，百姓已是俎上之肉，無力反抗——大家可以看看古羅馬文明從共和制走向帝制的過程。

唯一能對得起平等和自治原則的辦法就是所有階層一起治理國家，在約束他人的同時也被他人約束。這個直接參與的模式和選舉民意代表非常不一樣。雅典人如果知道現在所謂的「民主」，一定會給一個鄙視的小眼神，因為大多數西方國家只能算是共和代表制，而非符合希臘民主精神的公民執政制度。

不一樣的斯巴達

1 只此一家

接下來講講在西元前五一〇年出兵助雅典人趕走庇西特拉圖家族的斯巴達。

不要以為斯巴達人反對僭主統治，就一定喜歡民主，他們同樣也不贊成絕對平等的政治理念。那麼，斯巴達究竟是什麼樣的城邦？

話說古今中外，斯巴達的奇葩程度恐怕無人能及，所以，大家若不學歷史，絕對會被限制想像。

當然，這並不排除外邦人描述斯巴達有添油加醋之嫌，如古羅馬的傳記作家普魯塔克，寫了很多有關那裡的駭人聽聞的八卦；又如雅典作者，有些雖長期旅居斯巴達，但依然難知全貌。這些記錄雖難以全信，但奈何斯巴達並沒有出現本土歷史學家，因此只能活在別人的眼中。

斯巴達的與眾不同很大一部分歸功於最早的立法者來古格士（Lycurgus），他所扮演的角色與雅典的梭倫相似。區別是梭倫只是雅典民主改革的先驅，後面還有好幾代傑出的革命家再接再厲，而在來古格士之後，斯巴達人居然幾百年來都乖乖地奉行他留下的一套法度，再無創新。這個現象既說明來古格士制度的厲害，也反映出這套思想對變革的限制。所謂「成也蕭何，敗也蕭何」，再好的東西幾百年不變，也會僵化、變質，然後爛掉。

為此，雅典人總覺得斯巴達人長了一顆既呆萌又死板的腦袋。

反之，斯巴達人總覺得雅典人既十分善變又靠不住。

這兩個城邦的恩恩怨怨終於在西元前五世紀下半葉引發了一場曠世大戰，最後兩敗俱傷，希臘從此走向衰敗。此是後話。

2 元老來古格士

來古格士上任後執行的第一條政策就是平分土地。

西元前七世紀的斯巴達同樣貧富不均，社會矛盾激烈。來古格士說服大家把土地充公，然後重新公平地發放給每個公民。

接著他禁止使用市面上的金銀貨幣，用大塊既不值錢又不易攜帶的銅鐵代替。

這是唱的哪齣戲？等於我們現在取消了信用卡、手機支付、線上支付，每人一次最多只能花五十元錢。這樣窮人和富人的差距就一下子縮小了。據說，新的貨幣政策出臺後，偷竊、搶劫、行賄等犯罪都消失了。為了進一步抑制奢靡風氣並提倡艱苦耐勞、自我節制，來古格士設立了集體食堂，讓所有斯巴達人一起吃飯。這些政策一出，社會上刮起了一陣節儉平等之風。

他們的集體食堂可不像現在大學的餐廳，菜式從麻辣火鍋到義大利比薩應有盡有，讓人產生選擇困難症。斯巴達食堂裡吃的軍營式伙食只有老三樣，根本沒得挑。

據說讓為數不多去過斯巴達的訪客印象最深的是其中的一鍋黑湯，也不知道用什麼食材熬的，嚐過後馬上體會什麼叫生無可戀。

來古格士認定對口腹之欲的追求只會造成道德上的腐敗，更何況有多少見不得人的事都發生在私人宴會上。不錯，斯巴達一切政策從頭到尾只有一個目的：培養最出類拔萃和最堅強不屈的武士。

為了達到此目的，來古格士推廣的國家經略就是自給自足，抵制貿易，遠離外面的花花世界。像雅典這樣一個開放型城邦一定非常不入來古格士的法眼：雅典人不但四處航海經商，還讓一堆外邦人長期定居。估計來古格士如果知道特朗普想要建墨西哥牆，會表示非常理解。

平分土地、杜絕貨幣、抱團吃飯、閉關鎖國，如果這些還不夠驚人的話，下面還有更厲害的。

3 特殊的教育

在斯巴達，男孩子一生下來，先由長老決定生死。只有體格健壯者才被留下做公民，由政府授予一塊土地，而那些弱小或殘疾的嬰兒則被直接拋棄到山谷裡等死。

斯巴達可以說是走在了古代優生學的前端。為了保證優良基因的延續，不惜對生兒育女強行干涉。

這些存活下來的國家棟樑都是如何幸福成長的？據說他們從小被訓練獨自在黑暗中睡覺，不能挑食，也不准哭鬧。等男孩長到七歲就必須離開父母，住進軍營。

那裡教授的不是文化藝術，而是軍事技能和戰鬥精神。營中隨時有軍官監察，任何懦弱和違規的行為都會遭到嚴厲的斥責。為了培養「狼性」，所有孩童在十二歲之前都沒有一件像樣的長衫，腳上連鞋子都沒有，即使成年，也只穿一件斗篷；夏天，他們便「以天為蓋，以地為廬」，睡在草席上，冬季則加一些蒲公英保暖；更糟的是，軍營還常常故意不給他們足夠的食物，逼他們外出尋找或偷竊，一旦被抓住則要遭受重罰。

傳說，曾有一個男孩在外面捉來一隻小狐狸，準備將它煮熟充飢，不巧遇長老巡察，他不得不把它藏在斗篷裡，生怕發出一絲聲響。待長老走後，男孩已被狐狸咬得腸穿肚爛，最後因失血過多而死。這個故事把其他國家的人嚇壞了。相比之下，生活在雅典的小孩簡直是長在蜜罐裡。儘管所有公民有當兵的義務，但子女在家長大，可以「不務正業」地學習詩歌和藝術，或去操場鍛鍊身體，只需在十八歲時完成兩年軍事培訓，平時定期操練，五十歲前處於長期備戰的狀態：有軍事行動時受命出征，無軍事任務時愛幹嗎幹嗎——雅典自由至上的口號絕非虛設。估計斯巴達的小朋友聽到這種成長經歷會直流口水，後悔自己生錯了地方。

在斯巴達，從小同吃同睡的長期集體生活讓男人之間的關係異常親密，友誼的小船一不小心就往戀人的方向駛去。一九九三年，克林頓總統曾為回避美國軍隊中的同性戀話題，定下了「不許問，不許說」（Don't ask, don't tell）的規定，而在男風盛行的古希臘，還有比軍營更嗨的地方嗎？

儘管漢子們心心相印，但為了保障人口的數量，斯巴達會定期對未婚老男人進行羞辱，讓他們在市中心裸體遊行，並高呼自己藐視了城邦法律。相較於中國未婚青年所面對的來自親戚們的圍攻，斯巴達的大齡武士面對的是整個社會的歧視。傳說當時一位著名將軍在公共食堂用餐時，旁邊的青年不僅不讓座，還譏諷他未婚無子，有愧國家。

大家還要對中國式催婚抱怨嗎？

4 男女那點事

女性們先別偷笑，男權社會下的男性尚且如此，女性自然更不好過。結婚在斯巴達叫作「抓女人」。通常在結婚當天，新娘會被剃光頭髮，換上男裝，被放在床上。新郎則需在公共食堂吃完晚餐後偷溜進一片漆黑的新房。情意繾綣？不存在的，一切都是為了繁殖健壯的下一代！新人需要快速行動，因為新郎還要偷偷地溜回集體宿舍，就像什麼都沒有發生，而這樣的地下婚姻會一直維持到男方三十歲正式退營的時候。這導致有些孩子都能打醬油了，還不知道父親的模樣。這樣的設定據說可以鍛鍊新娘和新郎的控制力，使兩人不會因為整天黏在一起而縱欲過度，產生審美疲勞。

斯巴達人，這是什麼邏輯？

另外，為了體現對共用精神和優生優育的覺悟，斯巴達還鼓勵丈夫摒棄不成熟的嫉妒心，大方地獻出自己的配偶，給體格健壯的同胞「配種」。比如一個老年男子和一個年輕女子結婚，而妻子喜歡上一個更年輕的男子，丈夫就要把自己的妻子介紹給他，然後將他們的孩子視如己出。同樣，如果一個受人尊敬的男子喜歡上別人的妻子，然後發現這個女人生的孩子非常優秀，而他自己也健康強壯，就會主動上門去找她的丈夫協商，讓他跟意中人同房，留下優秀基因。

並非斯巴達人思想前衛，推崇性解放，他們純粹是為了像家犬配種一樣培育出高品質的下一代。

儘管如此，人口的低迷還是成了斯巴達的硬傷。到了西元前四至前三世紀，耕地因產權交易和私人轉戶而過度集中，貧富懸殊，不少人無力維持軍人的開支，導致公民身分被剝奪，最後全城真正的斯巴達人只剩下幾千人，把自己活活逼成了瀕臨滅絕的人種。這樣的社會在歷史上可謂絕無僅有。

5 斯巴達的半邊天

除了令人聞風喪膽的斯巴達武士外，同樣聲名遠揚的還有斯巴達婦女。同其他城邦相比，她們享有崇高的社會地位和難以想像的自由。全希臘只有斯巴達的女子可以獨立掌管財產，接受教育。另外，出於強身健體、優生優育的考量，女孩子還可以和男孩子一般裸身運動，而不是大門不出二門不邁……種種開放的習俗讓其他希臘男性很不待見她們，大呼斯巴達女人既淫蕩又彪悍，還以海倫和她表妹為證：在神話裡，她們一個私奔到了特洛伊，另一個在家門口將自己的丈夫殺害。

不管別人如何嗤之以鼻，尚武的血液流淌在斯巴達女性的體內。她們留下的一堆霸氣十足的言辭，其犀利又精闢的風格還被稱為拉科尼亞（斯巴達的所在地）體。

比如說有生活悲催的雅典婦女好奇地問斯巴達的姐妹：「為啥你們這麼會駕馭男人？」答案是：「因為只有我們生的才是男人。」

當有使者前來尋求援助，試圖不斷用更多的錢財來賄賂國王時，國王的女兒說：「現在就把這個毫無品德的外邦人從家裡趕走，要不然你會被他徹底毀掉。」這位國王聽了後馬上照做。

一位斯巴達母親在兒子出征前送上盾牌，並囑咐道：「要麼自己把它帶回來，要麼躺在上面讓人抬回來。」

另一位母親得知自己的兒子在戰場上退縮，便直接將他手刃，還在墓碑上刻下：「此人臨陣退縮，為其母所殺。」

還有位母親聽到自己的兒子英勇犧牲，在墓碑上刻下：「我將你埋葬於此，不流一滴眼淚，你是我，也是斯巴達最出色的戰士。」

有這樣的婦女，何愁斯巴達不強大。但也要講一下斯巴達發家的黑歷史。之前說過，古風時代的古希臘社會普遍動盪不安，紛爭迭起。雅典選擇發展生產，開拓貿易，推進民主，終於在不斷的突破和改革後找回平衡，涅槃重生。而斯巴達面對挑戰卻選擇了一條完全不一樣的路。

6 城邦的下等人

斯巴達所處的地區為雅典以西的伯羅奔尼薩斯半島。傳說中在特洛伊戰爭結束後，天神海克力斯（Hercules）的子孫佔領了這塊地盤，他們的後裔被稱為多利安人，是希臘三大族系的一支。傳說的真假很難分辨，考古界也一直沒有定論，但至少眾多的希臘記載都稱斯巴達人是在黑暗時代來希臘定居的多利安人的後裔。

西元前九世紀時，流著多利安人血液的斯巴達人初露鋒芒，攻下了周邊的拉科尼亞的領土。西元前七四〇到前七二〇年，斯巴達人再接再厲，佔領了美塞尼亞。

如前面所說，斯巴達的男性公民都進了軍營，難道是女人耕作嗎？自然不可能，斯巴達在完成侵略後，便剝奪本地人的自由，逼迫他們服務於斯巴達政府。這些人又分成兩個級別：好一點的為周邊住民（Perioikoi），負責提供物資和軍援，待遇最差的是黑勞士（Helots），負責生產糧食。因為這些下等人的存在，斯巴達公民才能從勞作和其他雜務中抽身，全心投入全職軍事培訓。有人統計，當時斯巴達的公民大約為一萬人，而下等人就有十四萬人。也就是說每有一個公民就有十四個被欺淩的下等人。

數量相差如此之大，如何能有效控制下等人，讓他們不敢造反？侵略和剝削雖能在短期內獲得巨大利益，但由此種下的深仇大恨卻讓斯巴達人惶惶不可終日，逼得他們必須更加武力化，由此形成一個無窮無盡的惡性循環。到了西元前 四世紀，斯巴達人最懼怕的夢魘還是成為現實：黑勞士成功擺脫控制，重獲自由，無人代耕的斯巴達從此一蹶不振。

斯巴達對待周邊居民的方式如此令人髮指，但對結盟的友邦卻是一副完全不同的姿態。從西元前六世紀開始，它與鄰邦建立起伯羅奔尼薩斯聯盟。這一組織的主要功能是防禦外敵，彼此之間大致奉行平等尊重之道，比如當遇到重大決定需要投票表決時，所有盟邦與斯巴達一樣各持有一票。此外，斯巴達沒有像雅典一樣向其他城邦強行徵收貢款，否則便直接武力侵犯，所以它們在國際社會的口碑好壞、人心向背，在之後的伯羅奔尼薩斯戰爭裡都展現得清清楚楚。

雖然斯巴達與雅典差別很大，沒有走上全面民主的道路，但它的政治制度也並非一無是處，其長處為制度上杜絕集權，注重制衡，維護傳統，循序漸進。比如說在西元前六世紀，其他希臘城邦不再有君主制，但斯巴達卻保留了世襲的國王，但同時有兩個，不分大小，互相牽制。

負責公民大會議程的長老會是由二十八位長老加上兩位國王組成的。相比之下，在雅典享有同樣功能的五百人政務會的民主程度更徹底，它的成員由抽籤組成，每年替換，沒有年齡限制（年滿十八歲的公民即可）。

斯巴達公民大會同樣也對所有公民開放，但相比於雅典，參會者只能表示同意或否決，沒有討論或提議的可能。斯巴達人木訥寡言的形象估計就是受這個制度的影響，不像雅典，隨便抓一個出來都伶牙俐齒，口若懸河。

另外最奇怪的就是每年從民間選拔出來的五個監察官，在其他城邦沒有此職位。監察官的主要職責包括彈劾起訴官員、對黑勞士宣戰、主持公民大會等。或許平時乖順的斯巴達人長期被壓抑，一旦坐上監察官這個位子，很容易變得嚴厲苛刻，比如說國王如果沒有子嗣，就有監察官逼他納妾，又比如說哪個將領功勞太大，就要指責他太過高調。

從這些做法可以看出，斯巴達是一個民主和專制共存的畸形產物，如果有人想過自我放飛的日子，在斯巴達不太可能，因為它時時需要提高軍事強度，防範大量被壓迫的奴隸。但與此同時，斯巴達公民的生活得到很好的保障，既無經濟壓力，也不會被位高權重的人隨意踐踏欺淩。克己復禮的斯巴達與奔放自由的雅典也並非只有反差，雙方的公民體制在注重平等和參與性上有很大的重疊。回望歷史，像斯巴達這樣的社會是否有可學習借鑒或抵制批判之處，依然值得討論。十八世紀就有一大批歐洲文化人對斯巴達情有獨鍾，反而看不上雅典。

無論如何，在接下來與波斯的大戰中，斯巴達的表現確實可圈可點，坐實了希臘戰鬥民族的頭銜，讓人刮目相看。

Chapter 5

硝煙四起

帝國的前身

古希臘的前半部歷史由一場輝煌的戰爭拉開序幕，在經歷了幾個世紀的驚人建設後又被一場盪氣迴腸的戰爭推上巔峰，這一前一後便是大名鼎鼎的特洛伊戰爭與希波戰爭。

當年希臘人耗費十年攻下特洛伊城後，這場轟動四海的紛爭不但沒有因為時間的推移而被遺忘，反而透過在民間的反復吟誦而代代相傳，讓後世對其中的風流人物和英雄事蹟如數家珍。在這些傳說的薰陶下，希臘人對自己的身分產生了獨特的認知。往後的歲月裡，他們勇敢地走上了一條與眾不同的發展之路，開創亮眼的「古風革命」，並收穫了偉大的「古典時代」，使希臘文明在人類史冊裡大放異彩。

有意思的是，古希臘的衰退史也是拜兩次武力衝突所賜，一場是與馬其頓，另一場是與羅馬。這兩場戰爭，希臘都打得灰頭土臉，一敗塗地。

輸贏勝負顯而易見，可其背後的軍事實力卻是社會長期發展的產物，需要與體制結合起來一起研究。所以在講解戰爭細節的同時，也需回顧上一章裡的城邦發展，才能看清希臘從無名走向成王再走向敗寇的內在邏輯。

發生在西元前四九〇年到前四八〇年的希波大戰有著豐富的史料記載，更被視為希臘文明走向輝煌的里程碑。這場鬥爭的驚心動魄之處不僅是戰場上的廝殺，還有意識形態上的博弈。面對波斯大兵壓境，希臘人第一次感受到自己與「東方」的差異和對立。

在這之前，希臘在地中海文明圈裡安居一隅，對周邊的大國充滿敬意和羨慕。然而在西元前五世紀，幾個微不足道的希臘城邦卻一舉大敗波斯帝國，成為當時不可輕視的強大勢力。自此以後，歐洲人篤定他們從希臘繼承的自由文明終將戰勝東方的獨裁統治，而此信念貫徹西方文明發展始終。

不過要說明一下，這個所謂東西方文明的較量，歐洲人占盡了輿論優勢，因為保存下來的只有希臘單方面的記錄。更準確地說，資訊大部分都來自一部文獻——希羅多德所撰寫的《歷史》。

這位西方第一位史學家（也有人罵他為「天下第一謊言家」）開卷就宣佈，要把希臘人和外邦人的英雄事蹟全部記錄下來，以防它們被湮沒在歷史的長河中。

他的敘述是否客觀公正，還需讀者自己評判。

既然沒有選擇，那我們就跟隨希羅多德的文字，先一窺「對頭」波斯的發家史。波斯帝國起源於俗稱「近東」或「亞細亞」的兩河流域，不但疆土遼闊，而且執行中央集權，與地域狹小還大搞獨立自治的希臘城邦有天壤之別。

早在黑暗時代，希臘人還在吟唱、遊蕩和裸跑，近東地區就已經被亞述帝國佔領，其核心地帶為現在的伊朗、敘利亞、土耳其和伊拉克。亞述帝國最強大時，連周邊的埃及、以色列和巴比倫也一度被收納在其勢力範圍內。

誰知在西元前六一二年，亞述帝國毫無徵兆地在一夜間被瑪代王國（Media）取代：近東的強國風光起來無人可敵，但傾塌起來則快如龍捲風。新出道的瑪代王國同樣好景不長，西元前五八五年就迎來了它的最後一任國王阿斯提阿格斯（Astyages），也就是「東方」世界的第一個主角——波斯帝國——登場前的最後一個鋪墊。

1 瑪代國王阿斯提阿格斯

據希羅多德介紹，阿斯提阿格斯又污又暴力。

有一天，他夢見女兒隨地撒尿，把整個國家都給淹了。這可不是什麼祥瑞之兆，於是他趕快把親生女兒遠嫁到附屬地波斯。結果當晚他又做了一個夢，這次他女兒的私處長出大片藤蔓，把整個帝國緊緊纏繞住。國王又驚嚇不已，找人解夢。法師告訴他，公主的兒子將來會搶奪王位。臥榻之側，豈容他人酣睡？就算預測之事還未發生，也要以防萬一。

阿斯提阿格斯立刻找來親信，要他處理掉自己的外孫。可這個親信另有打算：如果國王去世，公主繼位，自己此舉豈非自掘墳墓？於是他把孩子送給了一個牧羊人，命此人將其棄於荒野。

恰逢牧羊人的妻子剛剛小產，夫妻倆心存不忍，索性將這個送來的孩子視如己出，撫養長大。

歲月匆匆，如白駒過隙。很快，這個孩子長到了十歲。別的小孩還在打醬油，他卻玩起了一個扮演國王的遊戲，自己學九五之尊發號施令，卻讓貴族子弟們俯首聽命。阿斯提阿格斯聽聞後甚是訝異，將此童召進宮中——想必這個孩子長得與祖父十分相像，阿斯提阿格斯一眼就認定這是自己的外孫。十年前的預言如噩夢般捲土重來，阿斯提阿格斯慌忙詢問法師該如何應對。法師告訴他，孩子已經在遊戲裡成為國王，當年的夢已經沒有危險了。

放寬心的阿斯提阿格斯放走了外孫，卻對背叛自己的那個親信耿耿於懷。

幾天後，阿斯提阿格斯大宴王公貴族，這個親信自然也在被邀請之列。他先讓親信的兒子去花園同其他貴族子弟玩耍，宴會上，阿斯提阿格斯讓親信品嚐了一道特製的菜肴，問道：「味道可否？」親信禮貌地回答：「多謝陛下，食物非常合我的口味。」緊接著，國王命人端來一個罩著蓋子的託盤，說道：「作為驚喜，就讓他的父親親自打開欣賞吧！」親信疑惑地打開蓋子，不禁大吃一驚——託盤裡放著鮮血淋漓的一隻手和一隻腳！細想後，他幾乎癱倒在地：國王一早便殺了他在花園中玩耍的兒子，再煮成食物讓自己吃下！

透過這個變態的故事，大家對希羅多德精心打造的阿斯提阿格斯的人設清楚了吧！弒子之仇不共戴天，不過親信並沒有當場發作，而是強裝鎮定道：「我懂了，這是陛下對我的懲罰。陛下您是萬民之王，無論雷霆雨露，均是天恩，作為臣下，絕不敢有怨言。只求您仁慈，准許我將孩子的殘骸帶回家安葬。」

君子報仇十年不晚，這個親信從此韜光養晦，靜候時機，在關鍵時刻與阿斯提阿格斯的外孫聯手，將阿斯提阿格斯打敗。如預言所說，這個外孫長大後推翻了祖父的瑪代王朝，並建立波斯帝國取而代之，成為大名鼎鼎的波斯大帝居魯士一世。

不過，遠在近東的波斯如何同希臘產生了糾紛？

2 呂底亞國王蓋吉茲

在瑪代領土的最西邊，有一個緊鄰愛琴海的附屬小國呂底亞。如果把愛琴海幻想成一個大池塘，希臘人便是圍繞著水邊居住的青蛙——這可不是筆者故意取笑，而是古希臘偉大的哲學家柏拉圖所言。池的南面有克里特島，在《奧德賽》裡，奧德修斯就曾謊稱自己是克里特人。雅典和斯巴達坐落在左側的希臘大陸，而右邊是面積龐大的安納托利亞大陸，其西岸地帶被稱為伊奧尼亞，與呂底亞接壤，住在那裡的希臘人又名伊奧尼亞人。

早在西元前七世紀，呂底亞國王蓋吉茲（Gyges）就對伊奧尼亞生了覬覦之心。

這個蓋吉茲是什麼來歷？

原先的呂底亞國王叫坎道列斯（Candaules），此人瘋迷自己的老婆，覺得自家老婆是神仙下凡，連海倫都相形見絀。這可苦了他的貼身護衛蓋吉茲，執勤不算，還要每天聽國王絮絮叨叨地誇耀王后。事情到這裡也無傷大雅，可接下來發生的事實在讓人大跌眼鏡。

坎道列斯每每談及妻子的美貌，蓋吉茲都唯有點頭附和，可坎道列斯認為這還遠遠不夠。有一天，他向蓋吉茲提議道：「你必須偷看一下我老婆不穿衣服的樣子，這樣你就會完完全全相信我所說的。」

蓋吉茲聽後嚇出了一身冷汗：「陛下，何出此言？臣如何敢做這樣的事？女子一旦衣不遮體，就沒了尊嚴，何況她是王后。如果臣這麼做，於情於理都要遭天譴。臣早就被陛下說服，完全相信王后是這個世界上最美的女人，求您不要讓我做有違倫常之事。」

國王卻不為所動：「不用擔心，我自有辦法！寢殿裡有一道暗門，你只需悄悄地藏在門後，待王后更衣時便可細看她美得不可方物的玉體。到那時，你便知我所言不虛了。」

國王為了幫助別人順利偷看自己老婆，真是操碎了心。

蓋吉茲拗不過坎道列斯軟磨硬泡，只好照做。或許他真的被王后的驚人美貌迷得手足無措，又或許因擔驚受怕而慌了手腳，總之在離開暗門時，他不小心發出了輕微的聲響。王后聽到動靜後就意識到有人偷窺，並立刻猜到是她丈夫設計的，否則誰能混入寢室，得知暗門的奧妙，還準確把握偷看時機呢？她確定此人一定是國王身邊的親信蓋吉茲，因為國王只有對他才如此信任。但她並沒有馬上出聲，而是暗暗琢磨如何報復羞辱她的人。

第二天，王后獨自召見蓋吉茲，開門見山地告訴他：「你跟國王兩個渾蛋只能有一人活著。要麼殺了國王然後迎娶我，繼承王位，要麼因玷污了我的名聲而等著受死。你自己選吧。」

遇上這對奇葩夫婦，蓋吉茲估計也是欲哭無淚吧！

答案不言而喻，蓋吉茲選擇殺了國王，不但抱得美人歸，還登上了呂底亞的寶座。

希羅多德似乎在此暗示，呂底亞人何其荒謬無恥，跟有文化、有底線的希臘人不可同日而語。其實跟希臘的各類人物一比，這絕對是五十步笑百步。

蓋吉茲即位後，對伊奧尼亞發動了數次侵略戰爭，可直到西元前五六〇年，蓋吉茲的後裔克羅伊索索斯（Croesus，以下簡稱克羅伊索）才徹底征服伊奧尼亞，逼迫那裡的希臘人長期朝貢交稅，並接受他安插的傀儡官員。希羅多德不客氣地指出，這個克羅伊索就是挑起東西方（指的是中亞和希臘）對立的罪魁禍首。

3 克羅伊索的理解

希羅多德還憤怒地指出：在克羅伊索「打壓」伊奧尼亞之前，所有希臘人都是自由的。如此一說，克羅伊索的罪孽可就大了。自古希臘起，西方就以「自由」「民主」自居，希羅多德的這番話等於是將克羅伊索狠狠釘在了歷史的恥辱柱上。

的確，罪魁禍首克羅伊索的結局很悲催，用「聰明反被聰明誤」這句話來形容他的一生再恰當不過了，因為他不僅害了自己，還使呂底亞亡國滅種。

事情是這樣的。在克羅伊索即位期間，波斯帝國在居魯士大帝的統治下蒸蒸日上，讓為鄰的呂底亞備感威脅。克羅伊索雖然喜歡欺負居住在伊奧尼亞的希臘人，卻深深中了希臘文化的毒：這點猶如後來的古羅馬人和十八世紀的歐洲人，無論戰鬥力多強，思想上都是希臘奴。面對波斯的威脅，克羅伊索第一時間跑去問希臘最出名的德爾斐女祭司——一個專門服務阿波羅、向世人傳達神諭的神婆。

詭秘的希臘大媽送了他一句擲地有聲的話：「一個偉大的帝國將被消滅。」

克羅伊索聞後大喜，立刻召集兵馬向波斯發起猛烈進攻。

結果呂底亞反被波斯打得落花流水，克羅伊索還被生擒。居魯士大帝把他綁在一堆乾柴上，準備用火慢慢烤成人肉乾。克羅伊索頓時覺得天意弄人，憤憤地大呼德爾斐主神阿波羅的名諱。被熱浪包圍的他，在絕望之際突然感到一滴水滴在自己的額頭上。緊接著，狂風怒號，大雨傾盆，竟將熊熊烈火澆滅。波斯國王極為震驚，待得知其中緣由後，決定將克羅伊索收為幕僚，留在身邊。

克羅伊索逃過此劫後，立即衝到德爾斐，義憤填膺地質問女祭司：「你居然敢騙我說波斯帝國會被消滅！」

女祭司一臉疑惑：「我何曾說過波斯帝國會被消滅？」

「你還不承認？就是因為你預言『一個偉大的帝國將被消滅』，我才出兵征討波斯的！」

女祭司面無表情地答道：「我說的偉大帝國正是您的呂底亞啊！」

呂底亞滅亡後，原先被克羅伊索掌控的伊奧尼亞被波斯吞併。

波斯帝國追求的是疆土遼闊和權力統一，雖然出於現實的考慮，對不同民族和文化較為包容，但依然上下有別，皇權至上。

擁有同樣語言和文化的希臘卻形成無數的獨立城邦，並尊奉權力制衡和民主平等的政治原則。

對不同的人來說，這兩種截然不同的世界肯定各有利弊：作為斯巴達的黑勞士未必強過波斯手下的臣民，而波斯的貴族可能還沒有雅典的一個農民有話語權。該如何評價這兩套政治體系和文化價值，值得我們認真思考。

第一次希波大戰

1 希臘人的起義

西元前四九九年，波斯帝國被居魯士大帝之子大流士治理得井井有條。在這棵大樹的遮陰下，伊奧尼亞的希臘人只需按時上繳為數不多的賦稅，尊重波斯任命的官員，照樣可以一如既往地過日子。尤其是甘願與波斯合作的本土精英，更可以吃香喝辣。對於這些臣服波斯的人，希臘人發明了一個特殊詞語「變瑪」（medize），用來形容「變節投靠瑪代的人」，因為當時他們還傻傻分不清瑪代和波斯的區別。總之，當年在伊奧尼亞，「變瑪」是一種再普通不過的現象。

但自由的意識就像一劑春藥，一旦服下，就讓人心旌搖曳，熱血沸騰。

西元前四九九年，主張「脫波」的獨立派風頭正勁，再加上一些無巧不成書的私人恩怨，伊奧尼亞的希臘城邦開始高舉獨立大旗集體造反，處決了多個「變瑪」頭目。

一不做二不休，起義軍衝到原呂底亞首都、後為波斯省會的薩迪斯，一把火燒毀那裡的寺廟和宮殿，給了大流士一記響亮的耳光。

迎接他們的，將是狂風驟雨般的無情鎮壓。

2 米利都的淪陷

時間快進到了西元前四九四年，窮凶極惡的波斯大兵壓境。一邊是幾個芝麻大的希臘城邦，一邊是組織周密的帝國兵將，雙方實力懸殊。用一句俗話來說，波斯人吐的唾沫都能把希臘人淹死。雪上加霜的是，希臘人在大敵當前嚴重內訌，「變瑪」的一派急著出賣自己的城邦，向大流士示好，支持獨立的起義軍卻紀律渙散，離心離德，結果一干人等被波斯輕而易舉地全部剿滅。史書中記載，伊奧尼亞最繁華的城邦米利都被夷為平地，男人全數被殺，女人和孩子被賣作奴隸。

這個處在中西文明交界處的城邦曾經無比繁華，培養了大批出色的科學家和藝術家。被波斯屠城後，米利都從希臘的歷史記錄中消失，希臘的文化中心從愛琴海東岸轉移到西岸內陸的雅典。

雅典有一個話劇家，在事後創作了一部《米利都的淪陷》，賺足了觀眾的眼淚。

這其中有一層特殊關係，就是雅典人自認也是伊奧尼亞族群的一支，只不過早早移居到了內地的阿提卡地區。但誰不知血濃於水，唇亡齒寒的道理？有好事者提出，這部作品增加了波斯人的銳氣，滅了自己人的威風，結果這個話劇家竟為此在鼓吹言論自由的雅典被罰款。民眾有時絕對是蠻不講理的一方。

3 西元前四九二年的天氣

看不看話劇都無妨，因為波斯人的下一個目標就是雅典。

這一切要從西元前五〇六年講起。大家還記得那個既不贊成專制也不喜歡民主的斯巴達吧？它在西元前五一〇年曾替雅典人出兵，把二代僭主希庇亞斯趕走，但到了西元前五〇六年又想推翻民主政權。為了維護新政的穩定，防止斯巴達搞破壞，雅典人急於四處結盟，找到了波斯頭上，於是派出代表團來到了最近的波斯省會薩迪斯，原呂底亞首都。那裡的省長先問了一句讓使者吐血的話：「雅典在哪裡？」

瞭解來意後，波斯省長安慰了雅典使者：想要我們幫忙也不難，只需要你們向波斯信奉的唯一真神和執掌天下的皇帝獻上土和水，誠心歸順即可。

古希臘城邦之間的結盟和脫盟十分平常，波斯卻不同，一旦歸順就意味著永世臣服，不得悔改。

西元前四九九年，伊奧尼亞人造反時，義薄雲天的雅典派出二十艘軍艦協助他們，把當日對波斯效忠的誓言拋到九霄雲外。唯我獨尊的大流士被雅典耍了，著實咽不下這口氣。

西元前四九二年，即米利都被團滅的第三年，大流士派女婿馬鐸尼斯（Mardonius）去報復曾在暴亂中支持伊奧尼亞希臘人獨立的兩個地處希臘內陸的城邦：雅典和埃雷特里亞。馬鐸尼斯所到之處，大片希臘城邦主動投降。不少權貴覺得在波斯皇帝底下作威作福強過在民主自治之下受大眾監督，而且反抗波斯代價巨大，是以卵擊石，何苦為之；也有城邦想借此搞打擊報復，比如埃伊納島，希望借波斯大軍之手打壓老對頭雅典。

斯巴達是少數不願屈服的城邦之一。他們告訴來訪的波斯使者，想得到代表歸順的土和水，就自己去拿，說完就把對方推到了井下。電影《300壯士：斯巴達的逆襲》裡有一個經典鏡頭：在斯巴達國王的逼近下，波斯使者退到井邊，不可置信地大喊：「這個地方只剩下瘋狂！」斯巴達國王望著他，眼神剛毅堅定：「這個地方就是斯巴達！」然後一把將他推下。

他們的骨氣雖然讓人佩服，但使者只是負責傳達資訊，著實無辜，孰不聞「兩軍交戰，不殺來者」，連希羅多德也批評斯巴達此舉不夠磊落。

除了斯巴達等少數外，微小的和更小的希臘城邦內鬥和相互爭吵還來不及，哪裡有精力來對抗氣勢如虹、組織嚴明的波斯？

還好老天長眼，一翻臉，海上出現了惡劣天氣，引起了大風暴。因為氣候和水土不服，還未開戰，馬鐸尼斯就白白損失了三百艘船和兩萬多人，只得無功而返。

4 大流士來了

波斯人怎會輕言放棄？西元前四九〇年，他們重整兵馬，捲土重來。

這一次，大流士親自率領三萬多人出征。按照波斯的標準，這算不上什麼，但卻足以讓希臘人瞠目結舌：這也太看得起自己了！一個小型城邦的全部人口也不過三五千人，能行兵打仗的精壯男子更少。這幾乎十比一比例乾脆叫「群毆」算了。波斯還吸取了上次的教訓，不再沿北部的海岸線西行，而是直接橫渡愛琴海。

一路上，大流士所向披靡，征服了愛琴海中的重要島嶼納克索斯和提洛，基本掃清了前進的障礙。隨軍出征的還有一位老熟人——曾被雅典驅逐的庇西特拉圖的長子，二代僭主希庇亞斯。估計此行沒人比他更心花怒放了。出征前，大流士承諾收復雅典後會交還給他，這樣他不費一兵一卒就能華麗翻身。波斯本身是帝王制，所以也喜歡四處扶持一手遮天的地頭蛇。對民主制，波斯向來不屑一顧。而信奉自由和平等的雅典也對個人或寡頭政權嗤之以鼻，雙方的相互嫌棄涉及東西文明之間的矛盾，可謂「道不同，不相為謀」。

5 勢如破竹

很快，波斯大軍就抵達了埃雷特里亞，離雅典已近在咫尺。

當年伊奧尼亞造反，埃雷特里亞是少數不懼波斯，支持獨立，與雅典站在同一條戰線上的城邦。如今埃雷特里亞危在旦夕，雅典於情於理都不能坐視不管，於是派出約全部兵力一半的四千名重裝步兵前去支援。

而此時，埃雷特里亞的公民議事大會還沒有達成禦敵的共識。有人惶惑不安，卻毫無對策；有人提議棄城而逃，躲進深山；還有人暗中盤算如何叛變。

城邦中一位素與雅典交好的世家子弟將這種不堪的情況告訴了雅典人，勸他們不要將自己也賠進來。雅典首領知曉後決定立即撤軍，以保全實力。

最終，棄城的建議沒被採納，大家決定執行拖延策略：不出面與波斯人正面衝突，儘量躲在城牆後面，撐一天是一天。在波斯的猛烈攻擊下，埃雷特里亞堅守了整整六天六夜，雙方都死傷慘重。到第七天，兩名貪圖富貴的貴族子弟借機「變瑪」，將敵軍引入城內。波斯人破城後，把所有神廟付之一炬，以報希臘人當年在薩迪斯燒毀波斯靈寺之仇，然後按照皇帝的旨意，把倖存者充作奴隸，全部帶走。

西元前四九〇年九月八日，海邊涼意陣陣，蕭蕭秋風裹挾著腥鹹的味道，白鷗驟然低飛，羽翼劃破絲綢般的水面。浩浩蕩蕩的黑色戰船在馬拉松海灘一字排開，如同龐然怪物，與地中海柔和的碧藍格格不入。剛登陸的波斯軍隊如洪水猛獸般蓄勢待發，只等一聲令下。山上突然升起一縷黑煙，原本鴉雀無聲的軍隊看到後如餓狼般躁動起來。同一時刻，四十多公里外的雅典城看到警示敵人來襲的狼煙，馬上緊急召開公民大會商討對策。其通過的指令將由最高軍委會負責執行，此機構嚴格遵循民主的運作模式，每年選出十名將軍（strategos）上任，並輪流擔任主席，堅貞地演繹了什麼叫相互領導、彼此監督和極端平等。

兵貴神速，這麼多人在一起七嘴八舌，各抒己見，該如何當機立斷？在非常時期也要靈活變通啊！每讀到這個節骨眼兒，連筆者這個民主的忠實支持者都不知該為雅典人的忠於原則感到慶倖還是後怕！

好在雅典再次紅運當頭。在生死存亡之際，還真有一個渾身散發凝聚力的人脫穎而出，在平等的基礎上，將民眾有效地團結起來。雖然過多的個人英雄主義與民主的精神有違，但必須承認，歷史上有些重要篇章確實因一些特殊人物而改寫。

6 橫空而出的米太亞德

這個關鍵人物就是在西元前四九〇年的希波大戰中，擊敗波斯大軍的雅典指揮官米太亞德（Miltiades）。他在歐洲軍事史上的地位堪比擊敗希特勒的英國首相邱吉爾。

希波大戰打響前沒幾年，年近花甲的米太亞德才從海外回到闊別數十載的故鄉，但這毫不妨礙他順利當選將軍一職。在雅典的政治舞臺上，沒有論資排輩、人情世故，也無須攀權附勢、諂媚奉承，在用人上只有一條原則：唯才是舉，有本事就上。

大敵當前，軍委會的十員大將不出所料地意見相左——民主絕對有讓人抓狂的時候。這時剛剛當選為將軍的米太亞德拍案而起，主張「以攻為守」，正面迎擊敵人。他憑藉自己的遠見卓識和演說天才力排眾議，讓這個方案在公民大會上獲得通過。

雅典一邊召集九千多名重裝步兵傾巢出動，一邊派出一名長跑健將前去斯巴達尋求援助。這名被指派去送信的人叫菲迪皮德斯（Phidippides），他不但在一天之內跑到了斯巴達，還聲情並茂地在斯巴達議會上發表演說：

堅貞不渝的雅典人——你們多年的老朋友此刻向你們緊急求救（好嘛，兩邊在西元前五〇六年還打過仗，現在又是一家人了，這就是希臘人的節操，掩臉）。在通向我們這座最悠久和最美麗的城市的路上，卑鄙的波斯人正馬不停蹄地飛速前行。英勇的埃雷特里亞在不久前被攻破，如果雅典也遭淪陷，希臘該何去何從？我們無比熱愛的自由將何以延續？

斯巴達人聽聞後熱淚盈眶，緊緊地握住菲迪皮德斯的手，說道：「斯巴達不畏懼任何敵人，也不惜為希臘的自由和獨立流血犧牲。可是按照習俗，我們需要等到月圓才能出兵，請你們務必堅守陣地，等待我們勇士的到來。」

聽到這番話，菲迪皮德斯差點兒一口血噴出來，看來自己這一趟白跑了。可惜當時沒有長途電話，可憐的菲迪皮德斯只能再接再厲，馬上原路跑回雅典，把這個壞消息告訴翹首以盼的人們。

7 背水一戰

九月九日，馬拉松海邊。

一條因為退潮而滯留沙灘的小魚正無力地拍打著沙子。在太陽的炙烤下，它無比渴望回到冰涼的海水中。小魚感到風停了下來，自己被龐大的硬物砸中。疼痛使它動彈不得，剛輕輕抬起魚尾便只看到黑灰色的影子：一隻將它吞噬的海鷗撲棱著翅膀，飛向遠處消失的地平線，身後的海灘卻異常平靜。然而，這片刻安詳卻是狂風驟雨的前奏。

抱著視死如歸之心的雅典軍隊已駐紮在馬拉松。所謂「患難見真情」，整個希臘只有普拉塔亞出面支援，傾全力派出一千多名士兵。他們雪中送炭的恩情被雅典人銘記於心。

此刻在馬拉松，兩路人馬都選擇先靜觀其變：波斯人坐待雅典的叛徒把自己的城邦出賣，雅典人還在望眼欲穿地等著斯巴達的援軍。到了九月十一日，氣喘吁吁的菲迪皮德斯帶來了噩耗：斯巴達還要至少一個星期才到。這下，軍委會又產生了分歧：一部分人主張退回雅典城內死守，避免正面交鋒：波斯騎兵和弓箭手殺傷力太強，在斯巴達缺席的情況下，孤軍作戰的雅典很難占到便宜。

以米太亞德為首的另一部分人則主張一鼓作氣，主動迎戰，拖延下去不但影響士氣，還會使叛徒有機可乘。最終軍委會不得不投票表決，兩邊的票數卻持平，直到一同前來的國防執行長將關鍵一票投給了主戰派。

六天後，輪到米太亞德擔任主席，其他四名主戰的將軍也將手中的決策權轉授於他。終於，米太亞德得以放手制訂進攻計畫。

九月十七日黎明，雙方的營帳依然悄然無聲。米太亞德獨自一人走在馬拉松岸邊，思索著如何部署人馬。

如果今日造訪馬拉松，人們一定會醉心於那裡標誌性的藍天白雲、澄淨的海水和閃閃發亮的沙灘。面對這如畫般的景色，米太亞德卻無心欣賞，他憂心忡忡，因為此戰如若打敗，雅典就會從此在地球上消失。

放眼整個希臘，投降的投降，倒戈的倒戈，寥寥無幾的反抗者都被屠城或滅族。這個結局並不讓人意外。波斯物資豐厚，人口繁盛，其版圖比希臘的任何一個城邦大成百上千倍。他們不舉行議會、選舉和辯論，上下聽命於一人，各個環節服務於皇權，整個帝國猶如一個配置齊全、摧枯拉朽的巨型坦克，連歷史悠久的古埃及和新巴比倫都被征服，何況小小的雅典？

但希臘人是一個充滿信仰、善於想像的民族，除了審時度勢、趨利避害和向現實低頭外，他們還有不滅的夢想和沸騰的熱血。光從眼前看，投降波斯帝國確實好處多多，反之，追求民主和平等卻要付出昂貴的代價，何況它們虛無縹緲，看不見也摸不到，既不能吃到肚子裡，也不能當錢花，但在二千五百多年前，有些古希臘人偏偏對這兩樣東西篤信不疑，認為它們比生命還重要，如空氣般不可或缺。

於是在西元前四九〇年，有關民主和自由有多重要這個問題，雅典人給出了一個響亮的答案：高於一切。米太亞德就是這種著了魔的世家子弟：甯在民主社會做一個平等公民，也不在集權國家做天潢貴冑。

面對波斯大軍壓境，米太亞德堅定不移地告訴雅典人：只要天神不無端偏袒任何一方，熱愛自由的希臘就一定會獲得勝利。

這場博弈是否會如他所願？

希臘的長處是重裝步兵，這種步兵均來自城邦的自由公民。他們平時接受嚴格訓練，作戰時排成幾行甚至十幾行深的陣營，每排士兵右手持矛，左手握盾，盾牌的一半遮住自己，剩下的一半遮擋同伴，彼此掩護，前後呼應，一同進退。

同時，每一名重裝步兵都佩戴銅盔，身穿鐵甲，手握四米長矛，操著橢圓形盾牌和鋒利的匕首，腰間束著厚皮帶，身著風騷皮裙。

相比之下，波斯軍隊的步兵裝備就寒磣多了，多數士兵沒有盔甲，只有短矛和小刀。連他們穿的長褲都被希臘人日後取笑為野蠻的標誌。可是波斯帝國疆域遼闊，是一個多民族、多宗教的國家，他們有著當時最優秀的騎射手——居住在歐亞草原上的遊牧民族斯基泰人（Scythians）。這群人擅長騎射，當他們萬箭齊發時，天空猶如下起了箭雨，對重裝步兵殺傷力巨大。

當然，也有些希臘人表示無所謂。當被告知波斯人射出的箭遮天蔽日、威力無窮時，嘴炮滿分的斯巴達人則說：「很好，這樣打仗時可以為我們遮蔽陽光。」

針對兩軍的特點，米太亞德認定此戰必須速戰速決：只有不讓斯基泰弓箭手和騎兵發揮功效，才能確保希臘重裝步兵的優勢。

為達到此目的，米太亞德將希臘隊形的中心削弱，兩翼拉長，讓整個戰線幾乎達到一英里（約為一點六公里）。如此一來，正面交鋒時，雙方前幾排的規模勢均力敵，波斯軍隊難以短時間內圍攻，也不易察覺雅典兵少的事實。

然後，米太亞德賭上了希臘重裝步兵的爆發力：趁對方還未動用人海戰術，快速將他們的陣線攪亂，然後從兩翼包抄。同時，他也在雅典公民的優秀素質上面下了注，它通過無形的磁場傳遞到每個士兵的心中。

完成戰略部署後，米太亞德率全軍舉行祈福儀式，將士們在他的鼓舞下士氣大漲，一改之前的萎靡不振。一切準備就緒，世紀之戰一觸即發。

8 難忘的勝利

帶著天神的保佑，伴隨著低沉急促的戰鼓聲，希臘士兵朝敵人的方向穩步前進。當進入波斯軍隊的弓箭射程之內，也就是離對方約兩百公尺處時，他們突然舉起盾牌護住頭頂，然後迅速狂奔，如洪水般湧向敵人。波斯人有些不敢相信：是什麼給了這些人如此瘋狂的勇氣？

弓箭手還沒來得及就位，雅典的重裝步兵就已沖到眼前，他們只能迎上去近身肉搏。希臘戰線中間的士兵勢單力薄，面對波斯大量的精銳部隊，廝殺異常慘烈。而分佈兩翼的雅典人和普拉塔亞人卻將各自面對的波斯少數民族打了個落花流水。碾軋敵人後，他們沒有急著追殺，而是往裡收攏，殺回中心，成功將波斯人徹底包圍。最後希臘人三面聯手，用兇猛的戰鬥力將敵人一舉趕回海邊停靠的軍艦上。

希臘打贏了！

米太亞德的計畫進行得如行雲流水、一氣呵成，有如一個優美自如的舞蹈，每個動作都與樂曲節拍完美契合。

讓我們看看希羅多德提供的資料：馬拉松一役，六千四百名波斯人被殺，一百九十二名雅典人陣亡。

在馬拉松之戰中，希臘不僅大敗波斯，還貴在死傷極少，因此成為古代戰爭史上以少勝多的典範之一。這個戰役為希臘開創了好幾個史上第一，夠子孫們自豪好一陣子。

以前，由於重裝步兵裝備太多太重，交戰時雙方都是頗具儀式感地緩慢前行。這一次，懂得「兵貴神速」的米太亞德開創了「狂奔的重裝步兵」，成為這場戰役大勝的關鍵。這個創新現在聽上去沒什麼大不了，但正如魯迅先生所說，第一個吃螃蟹的人還是令人敬佩。

此外，據說雅典人是第一批看到褲裝敵人而毫不畏懼的希臘武士，以往大家一見穿褲子的波斯人就開始腿軟。這個心理上的轉變說難不難，說簡單也不簡單。

但這個巨大的勝利背後也付出了沉痛的代價：國防執行長，就是投出關鍵一票支持開戰的隨行人員，在這場戰役中不幸陣亡——既然是主戰之人，如何能不身先士卒？

有一位將軍試圖空手抓住船舵，以阻止敵人登船逃跑，最後雙手被砍。

這些指揮官雖然多半出身貴族，卻不顧個人安危，慷慨為國獻身。就憑這一點，雅典也配大獲全勝，可惜這種一心為公的領袖往後只會越來越少。

還沒來得及慶祝，雅典人就看到身後的山坡上閃出一道白光：不好，恐有叛徒在城裡向敵人施發信號，企圖趁城內兵力空虛時協助波斯人攻破雅典。要知道，儘管波斯戰敗，但主要兵力尚存，只需繞海路而行，拿下空城雅典毫無難度。

面對腦補的恐怖畫面，戰士們不敢多想，立刻馬不停蹄地撤退：無須任何人督促，已經萬分勞累的雅典男兒以最快的速度奔走這四十多公里：浴血奮戰就是為了國家的安危，如果此時被波斯軍隊破城，那馬拉松的巨大勝利將毫無意義。大家又趕緊派菲迪皮德斯隻身先行，只為告訴鄉親們一定要堅持，他們的子弟兵剛剛在馬拉松贏得了一個「荷馬史詩」級別的勝利，此刻正盡全力飛速趕回，誓死不會讓雅典淪陷在波斯人的刀劍下。

菲迪皮德斯用盡最後一口氣跑回雅典城，將消息送到後就累得倒地而亡。後世為了紀念這位救國家於水火之中的雅典英雄，創辦了馬拉松比賽，並把戰場和雅典的距離——42.195 公里定為馬拉松競賽的長度。

這是一場驚險萬分的時間競賽。

城內的市民得到消息後拚命加強防範，在城門上添置了守衛。

如果天氣好，波斯人需要在海上航行九到十小時才能到達一百多公里外的雅典。而雅典軍隊需要披盔戴甲，在炎炎烈日下穿越山坡，行軍四十多公里。

入夜後，大軍終於氣喘吁吁地回到了雅典。城中並無任何火光，港口也沒有停靠的波斯軍艦：他們總算搶先一步到達，沒讓叛徒得逞。

就在此時，兩千多名斯巴達士兵如約在月圓之後向馬拉松出發：他們唯恐錯過戰事，以每天八十公里的速度行軍，終於在三日之內趕到。但等待他們的只有漫山遍野的波斯人的屍骸。

這場敵眾我寡、叛徒環繞、義務兵將專業軍打敗的神戰讓斯巴達大為震驚。大家如同參觀著名旅遊景點一般在戰場上徘徊了許久。看到被殺的如此之多，死狀如此之慘，連戰鬥民族也不禁對雅典人肅然起敬。在往後的歲月裡，人們在馬拉松的沙灘上樹立了許多紀念希臘大獲全勝的大理石碑。據說六百多年後，到此憑弔的遊客還能聽到當年刀劍的碰撞聲和波斯人的慘叫聲。

要說史上以少勝多、逆天而行的戰役並非僅此一例，但全程以民主的方式來組織反抗，還贏得這麼漂亮，確屬罕見。一般而言，交戰各國往往加強戒嚴，控制輿論，取消各項自由——叛徒確實防不勝防——可雅典並沒有採取任何「攘外必先安內」的政策，或以團結之名剷除異己，甚至也沒有像斯巴達一樣全民軍事化，而是靠民眾自發的愛國意識，用相互協商、輪流執政的民主方式，打敗了當時不可一世的地中海霸主。雖然其中不乏運氣，但這種操作可真是前無古人，後無來者。雅典人，驕傲吧，別管有多僥倖，贏了就是贏了。

馬拉松之戰成了雅典最輝煌的記憶，參與這場戰役的公民被敬稱為「馬拉松的一代」。古希臘有個著名的劇作家叫艾斯奇勒斯，生前曾多次在競爭激烈的戲劇大賽上奪冠。

如此厲害的一個人，死後在墓碑上對自己的藝術成就隻字未提，只刻上自己是出征馬拉松的一員。由此可見，在這代雅典人的心中，個人才華難以與為自由獻身相提並論。

9 米太亞德後記

位於愛琴海中心的帕羅斯島曾協助波斯背叛米太亞德，且有「變瑪」傾向。在馬拉松戰役結束後的第二年，也就是西元四八九年，米太亞德向公民大會索要七十艘戰艦，準備去那裡秋後算帳，讓帕羅斯島人從此不敢再和穿褲子的東方人眉來眼去。

可惜幸運女神這次卻沒有照拂米太亞德，他不但鎩羽而歸，還受了腿傷。由於索要戰艦時沒有確切說明用途，回國後的米太亞德被指控「欺騙雅典人民」。可見任何官員隨時都可以受到彈劾，並沒有任何特免權。

米太亞德拄著拐杖出席審判，差點兒被判死罪，最後念在他過去的功勞改為重金罰款。不久，米太亞德因傷口感染奄奄一息。

隨著太陽西沉，屋裡的光線漸漸暗淡。各種嘈雜聲一如既往地充斥在屋外街道上：有販夫走卒的吆喝叫賣，有垂髫小兒的嬉笑打鬧，還有曼妙少女的朗朗笑聲……突然，一聲清脆的叫聲劃破長空，米太亞德費力抬頭，看到一隻雪白的海鷗劃過窗戶。他想起馬拉松戰役前的海灘邊也有這樣一隻飛鳥，當時自己身肩重擔，無心細觀，但那只鳥通體雪白、羽翼豐滿，在天地之間盤旋往復。海浪輕輕拍打著沙灘，送來陣陣腥咸的海風，他感到自己像是躺在愛琴海溫柔的波浪裡，藍絲絨般的天空越來越近……一代名將就這樣永遠合上了眼睛。

現有的米太亞德雕像是一個頭戴鋼盔的男子。他眉眼沉靜、目光深邃，仿佛沉浸在對時代的思考中——想想此公對希臘功在千秋，最後竟落得如此下場，讓人唏噓。米太亞德去世後，雅典人感念他在馬拉松戰役中的英勇，將他厚葬。

又過了幾年，良心還是難安的雅典民眾決定放逐當年在公民大會上指控米太亞德的科桑西普斯（Xanthippus）。

米太亞德人走茶涼的經歷也發生在英國首相邱吉爾的身上。盟軍大獲全勝後，邱吉爾就被英國人不留情面地趕下了台。

此舉看似薄情寡義，但並未違背民主精神。人生來本就才華各異，戰爭時期的領袖未必就適合擔任和平時期的要職，更何況對政治家多些挑剔也無可厚非：權力本就適合頻繁交替。這些傑出人物儘管在後期被人民退了貨，但這既不妨礙他們擁有平常人的生活，也不妨礙他們因偉大功績而名垂青史。

話說雅典人雖打了一場漂亮的大勝仗，但對大流士來說，馬拉松所折損的人數還不及西元前四九二年第一次出征時死於風暴的多，因而根本沒有損傷到波斯的軍事根基。但這些膽大妄為的希臘人嚴重地傷害了大流士的自尊。他迫不及待地派人給各州各府送信，讓當地大規模徵兵和囤糧，做好隨時配合大軍二次出征的準備。這次大流士不再輕敵，而是要竭盡帝國之所有給希臘致命一擊。

屋漏偏逢連夜雨，西元前四八六年，埃及爆發起義，同年大流士去世，接著新巴比倫趁機造反。大流士的兒子薛西斯剛登上王位便忙著四處滅火，根本無暇顧及希臘。

老天總算給了希臘一些喘息的時間。

第二次希波大戰

1 薛西斯的大招

西元前四八三年，波斯軍隊捲土重來的消息如烏雲般彌漫在愛琴海的上空。

薛西斯（Xerxes）一方面御駕親征，一方面慫恿迦太基人（非洲腓尼基人的一支）去攻打希臘在巴爾幹半島外的領土。如之前所說，自西元前八世紀起，義大利南部與西西里島周邊建立了許多獨立的希臘殖民城邦。隨著這些「青年國家」逐漸壯大，希臘人與那裡的原住民迦太基人在領土和貿易上不斷產生摩擦，關係日益緊張。薛西斯就是看准了這點，趁機在旁煽風點火：他希望聯合迦太基人一起對付希臘，讓後者在地中海版圖上不復存在。

讓我們把鏡頭先聚焦在希臘本土。

根據希羅多德的記載，急於一雪前恥的薛西斯選擇在西元前四八〇年率領五百二十八萬三千兩百人的隊伍朝希臘本土殺來，其中還不包括隨行的廚師、太監和妓女（讀者如果覺得當時不可能有這樣的記載，可自行去查看希羅多德的原文）。現代學者覺得這個數字太過誇張，最多只可能是五十萬，但無論是五百萬還是五十萬，在希臘人看來都是天方夜譚。據說軍隊之龐大，所到之處每天吃光一個縣，喝乾一條河。除波斯主力外，隨行的還有來自四十六個國家的民族。能歌善舞的他們可以隨時舉辦一場春晚。

可以看出，此次薛西斯是勢在必得，絕不允許再出現任何失誤。

但數目龐大也並非全是好處。

離開了波斯的領地後，所到之處的補給成了嚴重的問題，糧草和藥物只能靠波斯船隊從千里之外運來。大軍一路北上，還需要穿越達達尼爾海峽。這個狹窄的海峽古稱赫勒斯滂，是歐洲和亞洲的天然分界線。

薛西斯唯恐艦隊再次遭遇西元前四九二年的風暴，於是命工匠用鐵鍊拴住無數小船，組成一座連接兩岸的浮橋，讓士兵步行跨越。無奈這個地方就是一如既往的壞天氣，沒幾天船橋就被風吹壞了。薛西斯一氣之下殺了設計師，還命令手下對著海浪抽了三百鞭，並在海中下一副巨型枷鎖，讓大自然知道誰是這天地萬物的主人。

狂妄的薛西斯發洩完怒氣，命人重新修建一座近一千公尺長的浮橋，同時挖出一條兩千五百公尺長的運河，讓軍艦並駕齊驅。這項大型工程耗費了整整一年時間完成，徹底解決了穿越此險關的難題。

完工後，薛西斯在山坡上安置了一個可以俯瞰四周的大理石寶座。居高臨下的他可以盡情觀看士兵有條不紊地穿越浮橋，軍艦在海峽裡乘風破浪。據說這支龐大的軍隊花了七天七夜才全部穿越達達尼爾海峽。

面對眼前人馬喧囂的壯觀場面，薛西斯揚揚得意，認為希臘已是囊中之物。

想想自己才三十八歲，就能為父王報仇雪恨，還能給所有臣民做個有效的示範——諒誰以後還敢對抗波斯？

不過，無數事實證明，越是如此不可一世之人，歷史越是忍不住要給他一個教訓。

一開始，無數城邦被波斯的強大氣勢鎮嚇，紛紛主動獻上象徵臣服的土和水，其中包括希臘的北部重地塞薩利（Thessaly）和馬其頓（Macedon）。它們倒戈後，通往希臘中心地帶的道路已豁然開朗。

當薛西斯坐在山坡上，巡視自己的大軍跨越歐陸海峽時，希臘這邊只有以雅典和斯巴達為首的三十一個城邦歃血為盟，不惜犧牲一切捍衛自由。

這幾個原先無關大局的「邊陲之地」是否知道它們將一戰成名，從此改寫歷史？

2 希臘人的籌備

希臘的反抗陣線由獨立平等的城邦自發聯盟，一切相關決定通過討論和協商尋求共識，並無中央政權下達指令。

西元前四八〇年，這三十一個希臘城邦聚在一起召開「反波大會」。形勢嚴峻，大家不得不放下私怨，同仇敵愾。比如對立多年的雅典和埃伊納，猛然發現彼此不僅語言相同，而且吃的都是橄欖和麵包，閒來都愛裸體健身，打起仗來都穿短裙而不是長褲，於是借此機會激動得再次握手言和。

長期分裂的希臘如此大規模的結盟在史上不過是第二次。第一次是為了攻打特洛伊，這一次是為了抵抗波斯。

在聯盟大會上，斯巴達靠自己積累的戰鬥威望得到各邦擁護。無奈斯巴達人英勇有餘，謀略不足，加上天性保守，還有嚴重的拖延症——這毛病在西元前四九〇年就已經讓人領教了——所以在這場生死大戰中，反而是靈活變通、行事果斷的雅典人大出風頭。

3 德爾斐的提示

雅典人可不甘心坐以待斃。旁人還在手足無措時，他們第一時間跑去找德爾斐的阿波羅女祭司——就是那個讓呂底亞的克羅伊索國破家亡還無話可說的希臘大媽。

這個名揚地中海的通神者送上一段奇文：

危機在地上盤繞，
如若飛升至天地盡頭，
戰神與火，
將把你摔到地上，
一切都將化為烏有。

公民大會聽到這個答案後群情鼎沸，估計不少人在心裡大罵：死老太婆，坑完了克羅伊索，現在又來坑我們。希臘人與神靈的關係很微妙，虔誠起來言聽計從，但若被惹毛也會發飆，不滿預言結果的他們又派人去問了一次：

當一切被剝奪後，
宙斯，無所不能的天父，依然會因你們之故
讓木牆屹立不倒。

可這下大家又傻眼了，大媽，您能好好說話嗎？

4 地米斯托克利的對策

就在這時，雅典的第二位非凡領袖地米斯托克利（Themistocles）登上歷史舞臺。當眾人疑惑不解的時候，他拍了拍胸脯，稱能夠破解預言：

木牆指的是軍艦，如我們放棄雅典城，依仗軍艦在海上作戰，必能克敵制勝。

三年前，雅典人在郊區偶然發現一座豐富的銀礦。在公民大會上，有人提議將此財富平分，讓每人都撈一筆。如此公平貼心、皆大歡喜的方案，還能有誰反對？還真就有。這就是民主的神奇之處：把一群人放在一起讓他們暢所欲言，其結果永遠是個未知數，因為說不定就有人提出你做夢都沒想到的妙點子。

地米斯托克利就是這樣一個人。他獨出心裁，力排眾議，主張用這筆錢籌建海軍，用於當時與埃伊納島的戰爭——因質疑埃伊納在西元前四九〇年第一次希波大戰時與敵人暗中勾結，兩邊就為此打了起來。另外，地米斯托克利還留意到波斯人在希臘附近又是挖運河又是通海峽，其狼子野心昭然若揭，所以必須防患於未然。

當時希臘的海戰技能已日漸成熟，最先進的三槳座戰船也研發成功並投入運用。這種新式戰船體型巨大，可容納三排各五十名槳手，可在水上飛快前進和靈活轉彎。此外，船頭又尖又長，猶如鴨嘴，外面包裹著堅硬的鋼鐵，在高速滑行下能撞破敵船，致其漏水而沉。

可想而知，如此規格的戰船耗資不菲，但地米斯托克利卻能勸說雅典人忍住不碰天上掉下的大餡餅，而竭力擴充兩百艘新式戰船。更有甚者，與地米斯托克利政見不同、主張重點培養重裝步兵的阿里斯提德（Aristides）還被雅典人流放，可見地米斯托克利的手腕有多厲害，是塊天生做政客的料。

那麼，被趕出雅典的阿里斯提德又是什麼樣的人？據說兩人曾同時看上一個俊美的男孩——當時沒有保護未成年人的法律，希臘貴族看多了年輕男性的裸體，很容易產生戀童癖——兩人便為此結下了樑子，後來又為發展海軍還是陸軍在公民大會上針鋒相對。雅典著名的陶片放逐法規定可將任何一名官員從雅典驅逐十年，但期滿後盡數歸還所有資產，並恢復一切原有權益。有學者認為此條例主要為了防止個別政治家權力過大而對民主產生危害，但這個推論在阿里斯提德身上絕對站不住腳。據說當時召開公民大會，投票選擇放逐物件時，有一個不會寫字的老者問阿里斯提德是否可以幫他在陶片上寫「阿里斯提德」的名字，吃驚的阿里斯提德問為什麼，老者回答：「我整天聽別人說他有多正直，實在不勝其煩。」阿里斯提德雖然無語，但還是耿直地寫下自己的名字，黯然離開了雅典。

憑藉出眾的口才和強大的號召力，地米斯托克利成功地開始了戰船製造。當時雅典沒有固定的稅收制度，公共開支出自富人的荷包。這一次，四百個最富有的人主動承擔後期維修和槳手的酬勞。面對他們，今天那些享有特權還偷稅漏稅的富人和政客情何以堪？政治博弈從來不是簡單的武器裝備競賽，而是社會機制的較量。好的制度可以引人向善，反之則會不斷沉淪。

適逢八月，希臘盟軍再次召開會議。

此時此刻，年輕的波斯皇帝已經逼近希臘本土，薛西斯想法簡單：率兵一路向西，一把火先燒了雅典，再一把火將斯巴達燒成灰燼。

所謂「兵馬未動，糧草先行」，軍隊的後勤補給在戰爭中至關重要。希臘人認為對付五十萬波斯大軍的最好辦法就是讓他們餓肚子，只要拖到彈盡糧絕，他們便可不攻自破。盟軍的眾多統領經過激烈的討論，選定溫泉關（Thermopylae）為陸上關卡，同時海上的防禦設在距離不足八十公里的阿德米斯海岬（Cape Artemisium）。波斯人之前到過的領地已全面淪陷：這兩個地點成了阻撓波斯進入希臘的最後機會。若不能守住它們，薛西斯將直搗內陸。

5 溫泉關惡戰

溫泉關之名源於這裡的地上常年冒著帶有氣泡的硫黃熱湧泉，是傳說中九重地的入口。此關坐落在懸崖和大海之間，是一條易守難攻的通道，最狹窄的地方只有一輛馬車可以通過。

負責鎮守此地的是斯巴達雙王之一的列奧尼達（Leonidas），以及七千多名來自希臘各城邦的精兵強將。

列奧尼達不但心思縝密，且作戰經驗豐富，他搶在波斯人之前到達戰場，勘察地形，佈置哨口，並在最窄的地段加修防禦，使整個溫泉關固若金湯。

波斯大軍抵達後立即發起猛烈進攻，但都被訓練有素的希臘重裝步兵擊退了。眼看著攻城多日卻毫無進展，且傷亡慘重，薛西斯氣得破口大罵：「朕算是明白了，波斯大軍的眾多將士都不是男人！」這邊的希臘人卻氣定神閒，斯巴達人每天還在烈日下鍛鍊身體，然後從容不迫地梳理他們的長髮，真是讓遠處觀看的薛西斯活活氣死。

可惜好景不長——人類歷史上總會出現傾心媚外、賣國求榮的無恥小人，來自馬利斯（Malis）的艾斐列特（Ephialtes）正屬於這類。為了榮華富貴，他將溫泉關懸崖上一條鮮為人知的山路告訴了薛西斯。

拿到艾斐列特的投名狀後，喜出望外的薛西斯立即派出一支由一萬名「常勝兵」組成的精銳部隊，從懸崖頂端繞到希臘部隊的後方，輕而易舉地形成前後夾擊之勢。

後方巡哨的士兵看到波斯人突然出現，慌忙跑去報告，列奧尼達馬上意識到隊伍裡出了叛徒。他稍做思慮，決定讓主力軍隊撤退以保存實力，只留下自願駐守的三百名斯巴達勇士、七百名特斯皮埃人（Thespians）和四百名底比斯人（Thebans），拚死阻擋波斯軍隊。事已至此，列奧尼達早已將個人安危拋在腦後：除非能僥倖等到海軍及時援救，否則絕無生還的可能。

波斯人開始對這一小部分留下的勇士展開排山倒海般的強烈攻擊，可盟軍士兵卻毫不退縮。抱著視死如歸的信念，他們乾脆放棄狹小的窄道，移到更開闊處奮勇殺敵。

敵人的屍體慢慢堆積成山，連薛西斯的兩個兄弟和叔叔也在混戰中相繼被殺。可波斯士兵依舊源源不斷地湧入，最後希臘將士們的長矛都斷了，只能用隨身攜帶的匕首和敵人貼身肉搏。

如此耐打的希臘人讓薛西斯目瞪口呆。眼看拖延下去占不到便宜，便命令士兵大規模使用弓箭。站在最前排的斯巴達國王列奧尼達不幸身中數箭，驟然倒下。

列奧尼達出生在王室，上面有三個哥哥。按照王位繼承的排序，原本輪不到他。他沒有因為特殊身分而留在宮中長大，而是小小年紀便和普通斯巴達人一起在野外接受嚴酷的軍事訓練。不料他的哥哥們全部意外死亡，王位落在了他的頭上。誰又曾料到，這個「替補」國王會在花甲之年領兵出征，擔起抵擋波斯的重任？

上天繞了個大彎，最終不甘讓列奧尼達在歷史上默默無聞，而出身高貴的他也沒讓祖上蒙羞：他戰死在溫泉關，用自己的生命闡述了何為「既戴王冠，必受其重」。

列奧尼達倒下後，雙方都竭力爭奪他的屍體。經過四次激烈的廝殺，希臘將士終於搶回國王，並好生安葬了他。

可惜到了最後，艾斐列特率波斯人攻破了所有的防線。退回到山坡上的希臘人只剩下匕首，等匕首都用完了，士兵就用血肉之軀繼續廝殺。除了可惡的底比斯人提早投降外，被包圍的有三百名斯巴達勇士和七百名特斯皮埃人奮戰到底，無一人逃亡，直到被波斯人密密麻麻的飛箭全數射死。

在列奧尼達倒下的地方，鑄刻著一段令人刻骨銘心的銘文：

來往的過客，請告訴斯巴達，
我們的勇士在此地長眠，
生前從不敢懈怠對家國的職責。

值得彪炳史冊的不止死去的三百名斯巴達勇士，還有由德莫菲勒斯（Demophilus）帶領的特斯皮埃人，他們同樣為捍衛希臘的自由付出了寶貴的生命。而損失七百人對他們的城邦來說，可謂重如泰山。

至今溫泉關還屹立著一頭紀念斯巴達人的石獅子，以及一座屬於特斯皮埃人以及首領德莫菲勒斯的紀念碑。大家如若路過，切莫忘了去憑弔。

6 海上的較量

希臘海軍到底遭遇了什麼？不是說好在阿德米斯和溫泉關共同作戰、海陸相互支援嗎？統領聯盟水師的是斯巴達大將歐里比亞德斯（Eurybiades）——雖然雅典的海軍稱雄希臘，可誰讓戰鬥民族威望在外、眾望所歸呢？

希臘軍艦到達阿德米斯海岬時，吃驚地發現波斯人已捷足先登了。儘管之前已有四百餘艘波斯船艦被風浪摧毀，但剩下的艦隊依然規模龐大。保守的歐里比亞德斯見狀立刻提出放棄此次行動，撤回伯羅奔尼薩斯老家。這可把居住在阿德米斯附近的埃維亞人（Euboeans）急壞了：此舉豈非把自己的老窩拱手送給敵人？他們聽聞地米斯托克利能言善道、詭計多端，而且還是雅典公民大會的寵兒，便偷偷湊來三十泰倫特的銀子，試圖讓他勸說歐里比亞德斯堅守。「商業天才」地米斯托克利二話不說將錢愉快地收下，僅拿出其中的六分之一，即五泰倫特向歐里比亞德斯行賄，剩下皆占為己有。苦孩子出身的歐里比亞德斯雖然眼皮子淺，但對這點兒錢毫無抵抗力。收了賄賂的他一百八十度大轉變，同意留下作戰。而波斯大軍估計之前抽海水鞭子而得罪了海神，開戰前遭遇風暴，狀態不佳。雙方在阿德米斯展開的幾次小規模交鋒都不分勝負。這時溫泉關失守的不幸消息傳來，希臘水軍不得不先轉移到薩拉米斯島，再尋對策。

之前德爾斐預言的「拯救雅典人的木牆」如果指的是軍艦的話，還真應驗了。溫泉關失守後，波斯大軍在陸地上再無障礙，得以高歌猛進，直逼雅典。眼看敵人即將兵臨城下，雅典人只能暫時棄城，坐船而逃。唯有少數長者選擇留下，誓與雅典共存亡。波斯大軍抵達後，他們退入衛城，試圖嚴防死守。但波斯軍隊射出了鋪天蓋地的火箭，並借一塊巨石攀上了衛城的圍牆。眼看敵人已近在咫尺，絕望的留守者要麼乾脆跳下城牆自殺，要麼躲進雅典娜的聖殿裡尋求庇佑——按照希臘人的習俗，遇險之人可躲進神廟尋求不死。但殺進來的波斯人哪管什麼宙斯還是雅典娜，他們不僅殺了所有在場的人，還將聖殿裡的寶藏洗劫一空，最後一把火燒了整個衛城。

大批坐船撤離的雅典人此時遙望身後，不遠處的故鄉已火光沖天，大火吞噬著他們世代守護的家園和敬奉神靈的廟宇。屈辱、恐懼和絕望像極了環繞衛城的火焰，燃燒著他們的五臟六腑。

溫泉關和阿德米斯失守，雅典淪陷，衛城被毀，希臘人除了飽嚐國破家亡的悽楚，還有蝕骨的絕望。

可地米斯托克利偏偏是個為亂世而生的豪傑，他臨危不懼，安撫民心，鼓舞士氣，把危難看成老天賜予自己大顯身手的良機。他帶領大家撤退到附近的薩拉米斯島，並在那裡繼續召開公民大會。波斯人的殺戮逼雅典人堅強起來：只要民主機制不倒，雅典自然也不會亡。

此時盟軍內部產生了重大分歧，海軍主帥歐里比亞德斯主張繼續撤退到科林斯海峽，與在那裡修建防衛的陸軍會合，建立新的戰線。地米斯托克利則堅持在薩拉米斯島就地開戰，因為附近水道狹窄，可以逼迫波斯船艦分批前行，削弱其數量上的優勢，而希臘軍艦則更善於在狹小空間裡靈活穿梭。

可別忘了，希臘團隊是個互相協商的多邦聯盟，空有好主意不行，還要能說服別人。

面對一向猶疑不決的歐里比亞德斯，地米斯托克利這次早早地準備好了說辭：

我向閣下保證，接下來的海戰將一決勝負！如若此時盟軍撤離薩拉米斯島，將會讓希臘功虧一簣。我們必須留在薩拉米斯島，借助此地的地理優勢背水一戰。閣下最好認真考慮我的建議，否則雅典公民和我們的一百五十艘軍艦將全部轉移到義大利南部，徹底退出此次行動。

儘管名義上是歐里比亞德斯主事，但他總在關鍵時刻被能說會道的地米斯托克利牽著鼻子走。

其實薛西斯完全不需要在薩拉米斯島滯留，直接北上科林斯海峽與希臘人正面開戰，便可施展波斯的實力。據說薛西斯在商討何去何從時，他身邊唯一的女幕僚就如此建議。別看波斯人等級森嚴，但還是允許個別出身高貴、富有智慧的女人在皇帝身邊出謀劃策。

薛西斯正猶豫著，地米斯托克利靠第六感隱隱覺得波斯人可能正打算離開薩拉米斯島，讓他的計畫泡湯，於是便派人給薛西斯送去一封信：

希臘統帥地米斯托克利謹祝陛下安康，我們的人現在萬分恐懼，準備逃跑。投降派和抵抗派互不相讓，劍拔弩張，在下認為這是陛下進攻的最好時機。地米斯托克利遙祝波斯帝國大勝！

老狐狸地米斯托克利打著左右逢源的如意算盤：如果此戰得勝，自己便是全希臘的英雄；反之，則可以向薛西斯邀功。好大喜功的薛西斯怎能逃過這樣的誘餌？他決定留在薩拉米斯島，向盟軍開戰。

7 薩拉米斯之戰

日出東山，坐在大理石寶座上的薛西斯被隨從簇擁著，俯視下方狹窄的薩拉米斯灣，那裡的一千艘波斯戰艦和一百五十艘希臘戰艦正虎視眈眈地對峙著。雙方劍拔弩張，大戰一觸即發。

護衛波斯左翼的是三百艘腓尼基戰艦，對抗它們的是兩百艘雅典戰船。波斯人棲居陸地，不善水戰，因而將水軍主力之位交由常年在海上奔波的腓尼基人，而雅典的水上優勢則不必多言，所以這一邊是強強對抗；而右側則是斯巴達和埃伊納的一百三十五艘戰艦抗衡五百艘歸順波斯的伊奧尼亞戰艦。

隨著一聲令下，訓練有素的希臘水手開始率先行動，他們大吼：「同心協力，熱血抗敵！」

敵人也不甘示弱，用波斯語發出怒吼。兩邊的吶喊聲衝破雲霄。

雙方短兵相接後，波斯的兩翼立刻受到圍剿。在地勢狹小的海峽裡，前面的戰艦無法後退，後面的戰艦無法前行，自家戰艦頻頻互撞。在混亂中，它們有的被堅硬的希臘戰艦擊中，有的被自己人誤傷，士兵們如沒頭蒼蠅般無所適從，陣腳大亂。

一邊是水土不服、長途跋涉的遠征者，另一邊是同仇敵愾、破釜沉舟的復仇者，當兩者一對一較量時，失敗的種子便已被埋下。據統計，波斯共被擊沉三、四百艘戰艦，而希臘只有其十分之一。

薩拉米斯之戰成了整場戰事的轉捩點：它及時制止了波斯人入侵的步伐，讓他們在侵佔雅典之後無法再前進至斯巴達的所在地——伯羅奔尼薩斯半島。

還記得在一旁觀戰的薛西斯嗎？他眼睜睜看著左翼的頂級腓尼基戰艦全數被殲，看著右翼的伊奧尼亞戰艦逃之夭夭，看著自己的親弟弟不幸陣亡，看著波斯人哭爹喊娘……年紀輕輕的他估計連心臟病、腦出血什麼的都要有了。

在薩拉米斯灣，薛西斯實實在在演繹了什麼叫輸得一敗塗地。

第二天晚上，波斯大軍偷偷摸摸地連夜從人造船橋上撤退。地米斯托克利打算乘勝追擊，卻遭到歐里比亞德斯的反對，後者認為不應該鋌而走險，重蹈波斯的覆轍。

可以看出，作為將領，地米斯托克利愛鋌而走險，歐里比亞德斯則謹慎保守。這次兩人的優點在薩拉米斯之戰中相得益彰，完美發揮，讓侵略者乘興而來，敗興而歸。

狡猾的地米斯托克利又偷偷向急於逃跑的薛西斯示好：「陛下，我悄悄給您放了行，將來別忘了這個人情！」地米斯托克利真是時刻不忘左右逢源，給自己留好退路。誰料此舉還真有先見之明，在不久的將來，他被斯巴達人指控勾結外人，隨後被雅典公民大會放逐，無奈只能「變瑪」投靠波斯，做了薛西斯的下屬，並在敵國度過晚年。

政治家歷來分好幾等：內聖外王、德才兼備的屬上乘；辦事得力但品行不端者次之；人格高尚但能力欠佳者再次之；最爛的是卑鄙無恥的草包，把世界攪得天翻地覆，本身還齷齪骯髒。

西元前五世紀初，領導雅典的所幸都是前兩類，比如米太亞德和地米斯托克利，前者光明磊落、一身正氣，後者愛財如命、老奸巨猾，但品德上的缺陷不能抹去地米斯托克利對雅典的傑出貢獻，所謂瑕不遮瑜。可惜到民主後期，出現的都是後兩類政客，個個成事不足，敗事有餘。

波斯軍隊狼狽而逃，後勤無法在第一時間提供補給，大隊人馬只能一路吃土。到達安全地帶後，又開始暴飲暴食，導致很多人腸胃失調、水土不服，再加上擔驚受怕，竟在撤離的路上死傷無數。

馬鐸尼斯想要繼續作戰，但薛西斯已經崩潰了：「老子要回家，不陪希臘人玩了！」

其實若能堅持下去，憑波斯的實力，拿下希臘是早晚的事。俗話說，成敗乃一念之間，這當中拚的就是九死不悔的執著信念。

離開塞薩利之前，薛西斯留給馬鐸尼斯一些人馬讓他收拾爛局。馬鐸尼斯思前想後，覺得用榮華富貴來招安才是上策。於是他主動聯繫雅典，承諾眾人只要願意歸順波斯，就協助他們重建家園，並不干涉雅典的民主自治。

馬鐸尼斯得到的回覆是：「好大膽的波斯！你們習慣作威作福，奴役他人，踐踏自由，仗著武力強權和富有四海為所欲為。不久前你們剛燒了我們的神殿和故土，現如今又想要收買雅典人。做夢都別想！」

馬鐸尼斯聽後跑到空空如也的雅典，又放火燒了一遍那裡的廢墟洩憤。「放火燒山，牢底坐穿」，大家千萬不要學他。

無家可歸的雅典人度日如年，盼著斯巴達快點發兵北上，擊退馬鐸尼斯。但斯巴達督政官對雅典使節每次都推三阻四。自己家沒被燒，有什麼好急的？——祖傳的斯巴達拖延症又犯了。被逼急了的雅典人放出狠話：「再不出兵，我們就走人，等著敵人一路殺到伯羅奔尼薩斯。你們自行應付吧！」

等雅典人發出最後通牒時，斯巴達官員突然滿臉堆笑：「為何對我們如此沒有信心，告訴你一個好消息，我們的部隊已經準備就緒，現在就可以出發了。」這麼巧？怎麼不早說？

領隊的將領名叫保薩尼阿斯（Pausanias）——他在列奧尼達國王戰死溫泉關後，被任命為攝政王。帶領雅典士兵的是當年因太正直而被放逐的阿里斯提德，他因大戰之需被招了回來，此番專門協助地米斯托克利一起抵禦外侮。這二人當年因意見相左成了政敵，但於國家危亡之際，卻摒棄前嫌，並肩作戰。如此深明大義而又一笑泯恩仇者，乃真英雄也。

8 普拉塔亞城

第二年，希臘組織了一支聯合陸軍。這支有史以來最龐大的軍隊有四萬名重裝步兵（其中包括八千名雅典人和五千名斯巴達人）、五千名輕裝周邊住民人和 七萬名來自其他城邦的輕兵。

馬鐸尼斯聽聞希臘人傾巢出動，便將波斯人馬轉移到雅典以北的波奧提亞——此處地勢開闊，有利於騎兵在平地上橫衝直撞。

針對此種情況，希臘人選擇駐紮於山丘，希望憑藉陡峭的地勢削弱波斯的衝擊力。

思路是沒錯，只可惜希臘人沒讀過《三國演義》，不知道「司馬昭被困鐵籠山」的典故。《孫子兵法》中說過：「我可以往，彼可以來，曰通。通形者，先居高陽，利糧道，以戰則利。」佔據高地時唯有確保糧道暢通才有優勢，反之，則是「四面圍困，軍心惶惶」。兩軍對峙了七天，希臘將士們不僅餓著肚子，還飽受波斯騎兵頻繁騷擾。統帥保薩尼阿斯拚命求神問卦，但答案都是切莫輕舉妄動。直到第八天，五百匹驢子辛苦馱來的補給被波斯人全數截獲，才迫使他略有作為。

保薩尼阿斯令大軍先退到平原，駐紮在河流和普拉塔亞城的中間——那裡既近水源，又因此不易被騎兵騷擾——然後繼續觀望。

面對這樣一位優柔寡斷、思路不明的統帥，陸軍聯盟早已人心渙散，如一盤散沙：有人直接退進了普拉塔亞城，有人固守陣地拒絕後退，有人打算繼續觀望再做決定，還有人準備背叛盟軍，投靠波斯……一瞬間，民主的亂子全竄了出來。馬鐸尼斯估計就是在等希臘人自行土崩瓦解、四分五裂。習慣了在專制制度裡作威作福的大老爺巴不得看民主社會的笑話。

東方漸白，雅典和斯巴達還在進行固定的每日一吵。他們正為誰率領陣線的左翼和右翼而鬧得不可開交——雙方都想和波斯最精銳的隊伍正面交鋒而大出風頭，但又猜不透對方的兵力佈置。最後，斯巴達的五千名主力被安排在右翼，雅典的重裝步兵則在左翼。兩隊人馬在撤退到一個陡峭的山脊時臨時分開，而此時蟄伏已久的馬鐸尼斯看準時機，親率大批弓箭手圍攻以斯巴達人為主的盟軍右翼，並派希臘雇傭兵攻打盟軍左翼。

保薩尼阿斯見狀急下令撤退，就地宰殺肥羊，觀察其內臟是否有祥兆——真是迷信害死人！而此時，波斯軍隊已經用盾牌組成防線，向希臘盟軍鋪天蓋地地射出箭矢。眼看要被紮成刺蝟，一旁的特基亞人（Tegeans）不管保薩尼阿斯，擅自衝了出去。

就在這時，羊腹內突現吉兆，大軍總算可以進攻了！

此番，馬鐸尼斯率領波斯一萬名騎兵和一萬名「常勝兵」與斯巴達精銳將士的廝殺最為激烈。

希羅多德說過，波斯人的英勇不遜於希臘人，可惜輸在了裝備和素質上。

希臘重裝步兵的壓倒性優勢與經濟體制關係密切。就城邦而言，軍事裝備由個人自行籌備，而非靠政府發放。因太窮而無能力購買盔甲和馬匹的人就只能當輕裝步兵。希臘可以擁有大量重裝步兵，說明社會上中產階級比例大，財富沒有過度兩極分化。以雅典為例，日常財政開支由富人承擔，軍事防禦和社區管理則由公民共同參與和執行，政府因此沒有理由和藉口徵收賦稅（特殊情況除外），也無設置龐大的官僚機構的必要。波斯則正好相反，王權的根基來自對資源和兵力的強征暴斂。在這個等級分化的體制裡，底層的波斯士兵無法負擔精良裝備，也沒有希臘士兵那麼強烈的榮譽感——只有公民才有資格履行這項既無薪酬又極度危險的重要職責。不僅如此，通過平日的訓練和接觸，城邦將士之間友情深厚，配合默契，而斯巴達人更是從小刻苦訓練，無一刻鬆懈。面對這些素質出眾又能同甘共苦的武士，波斯人如何與之抗衡？

在戰鬥民族斯巴達的猛烈攻擊下，沒多久馬鐸尼斯被殺死，他身邊的精銳也無一倖免。

在馬拉松，斯巴達人因遲到而錯過。

在溫泉關，儘管三百名斯巴達人英勇可嘉，但還是以被團滅告終，沒有打敗敵人。

在普拉塔亞，保薩尼阿斯一敗，總算讓戰鬥民族實至名歸。

馬鐸尼斯死後，波斯人群龍無首，他們剛撤到一道柵欄之後，不幸又遇上突破重圍前來支援的雅典人。殺紅了眼的盟軍爆發出兇猛的戰鬥力，將柵欄捅出一個缺口，直接衝到敵人眼前。這下，被團團圍住的波斯軍隊前擁後擠。混亂中，幾千人被圍困在一塊狹小的地盤，如甕中鱉般被一舉剿滅。

據希羅多德記載：此一役，波斯軍存活下來的不超過三千人，而希臘盟軍共陣亡一百五十九人，其中斯巴達九十一人，特基亞十六人，雅典五十二人。

9 伊奧尼亞海戰

這還不算，同日，希臘戰艦在伊奧尼亞地區也贏得了一場空前大勝，徹底摧毀了波斯海軍。

當時聯盟水軍在另一位斯巴達國王列列奧提齊德斯（Leotychidas）的帶領下，聽從薩莫斯島（Samos）人的建議，包圍了停泊在那裡的波斯戰艦。這群薩莫斯島人一開始投靠波斯，待局勢逆轉後，又馬上「棄暗投明」。

剛被狠揍的波斯人又看到希臘士兵，開始嚇得條件反射，連交手都不敢就退到了小亞細亞南岸的米卡勒島（Mycale）。他們先與陸軍會合，並修建了防禦堡壘，還將戰艦連成一排擱淺在水面上。這縮頭烏龜般的防守姿態，絕不是波斯帝國該有的。

事實上，雅典水師的實力還真是被高估了。大家不妨想想雅典的新型海軍是什麼時候建立的。

從西元前四八三年發現銀礦到大力發展海軍，不過三年，經驗和資曆都尚淺。只是剛剛經歷連續慘敗的波斯人被希臘盟軍打出了心理陰影，一看到穿裙子的對手，膝蓋就發軟。

逼近米卡勒島的希臘人探覺出敵人的慌張，便沖著波斯大營嘰哩咕嚕地叫喊，讓裡面的伊奧尼亞人儘快反水。一句也聽不懂的波斯人嚇得遣散了身邊所有祖籍希臘的士兵。顯而易見，用利益和恐嚇建立的友誼隨時會翻船。

緊接著，馬鐸尼斯在普拉塔亞城被殺的消息傳到了薩莫斯島，真是天助希臘！

於是，盟軍決定由雅典人正面迎戰波斯軍隊，領軍的是雅典的科桑西普斯。此君當年曾在公民大會上指控米太亞德「欺騙人民」，後遭放逐，現在迎來了政治生涯的第二春。

他生怕被斯巴達搶了功勞，帶領雅典重裝步兵率先衝破了敵人的防線，殺了對手一個措手不及。

約定好繞到波斯身後的斯巴達人此時剛剛到達，這下兩路人馬前後夾擊，徹底摧毀了波斯人建立的堡壘和營地，並將停靠在岸的波斯戰艦盡數燒毀。牆倒眾人推，薩莫斯島人和伊奧尼亞人開始大膽背叛波斯，負責看管撤離路線的米利都人也在關鍵時刻給了波斯人致命一擊：熟悉地形的他們非但沒有帶波斯人逃到安全地帶，反而將其帶回前線，送到希臘人刀下。

西元前四七九年的普拉塔亞城和米卡勒島這兩場戰役將波斯人徹底送上漫漫回家之路——如果他們跑得夠快的話。

無巧不成書，在米卡勒島之役的同一天，遠在千里之外的西西里島上的希臘分支也大敗迦太基人。

還記得被薛西斯蠱惑去攻打希臘殖民地的他們嗎？原本計畫前往義大利南部夾擊希臘的迦太基人出師不利，先是在海上遭遇風暴，接著在西西里島被敘拉古和阿格里真托（Agrigento）兩個城邦的聯軍打得落花流水：原先他們還能與希臘人在西部地區抗衡，現在連存活下來都要感到慶倖。

在這神奇的幾日裡，波斯各種慘敗的樣子讓人不禁想給薛西斯送一副對聯，上刻：「波斯戰希臘，船橋虛設，伏屍百萬；長褲鬥短裙，以多負少，吃土而歸。」橫批為：「辱國喪師。」

至此，曲折離奇的希波大戰終於落下帷幕。

10 古典時期的誕生

希波大戰的長期效應就是地中海在權力佈局上重新洗牌：斯巴達和雅典成了希臘大陸的霸主；西西里島上的希臘人掌控了西部領地；而伊奧尼亞則擺脫波斯，再次獨立。

回望這場歷時數十載的戰爭，誰能料到四分五裂的希臘竟讓強大的波斯帝國一敗塗地？力挽狂瀾的米太亞德、與時間競賽的菲迪皮德斯、聰明狡猾的地米斯托克利、視死如歸的列奧尼達，還有無數保衛家園的戰士，他們的英勇和熱血讓自由和尊嚴得以延續。

這個結果除了運氣和人為因素外，更有深層的制度原因。

波斯看似一個統治無數臣民和屬邦的強大帝國，但至高無上的皇權骨子裡倚仗的只有兩樣東西：暴力和暴利。遇到不聽話的就打，遇到聽話的就給好處，直到所有人都屈服。這樣的方法儘管表面看上去十分有效，但長期的高壓管制，遏制了個體即興發揮和靈活應對的能力，一旦遇到突發狀況，就變得不堪一擊。

希臘的獨立自治、平等協商則完全不同。雖然其結構看上去小而散，但在表層下面，卻隱藏著獨特的韌性和活力，因此十分耐打。這些特點被歐洲人全盤繼承。整個歐洲歷史就是以四分五裂、民族分離為常態，但這並不妨礙西方的總體發展和創新，而且還越「亂」越有生命力。因此，希臘戰勝波斯帝國，也並非完全偶然。

死者已矣，對於那些死去的將士來說，追究誰好誰壞無以挽回他們無辜的生命。但如果硬要給這場惡鬥尋找價值的話，只能說它讓雅典獨特的民主文化得以發揚光大。不同於斯巴達的閉關鎖國和集體主義，雅典的民主開放結合了對多元性的包容和對個體的尊重：一方面它歡迎外邦人和移民，還一度授予他們公民身分，另一方面它對民眾的私人生活不予干預，任由他們自由選擇職業和組建家庭。男性公民除了需接受兩年軍事訓練和保衛城邦外，不受其他限制。最重要的是，這個自由世界無論在戰爭、經濟還是藝術上，都不遜於專制帝國或專權社會，以實踐和行動證明了民主的優越性。

著名的雅典政治家伯里克里斯在他著名的演說裡提到，雅典的偉大在於將個人的利益和集體的榮辱完美地結合。自由的營造並非靠隨心所欲，它同樣需要隱忍和付出。說到底，城邦的核心不是軍隊、財富或建築，而是一個全力維護每個人的共同體。這個共同體依靠的不是聖賢或偉人的深明大義，而是廣大公民的參與和投入。只有這樣的民主政體才能確保一切無私的付出和努力不被少數當權者拿去揮霍，徒增剝削和濫權，而是確確實實地改善整體機制，維護平等和互助，讓所有個體擁有最好的環境，活出他們應有的樣子。

Chapter 6

才情絕代

從一般的標準來看，希臘如此彈丸之地，在黑暗時代組團攻破特洛伊，在古風時代末期大敗波斯帝國，已經夠優秀了，可是希臘人卻偏嫌不夠，他們說：儘管我們人數不多，在古代歷史裡時間不長，但除了用兵如神、愛自由如生命、治城邦若烹小鮮外，我們還才華橫溢，人文氣質爆表，一不小心就創作出了流芳萬世的佳作……就不給別人活路。

確實，古希臘的光芒不但來自其神話和歷史，還有文學和藝術。之前的內容因涉及真實歷史事件，講述時須有所節制，不宜摻入過多個人評論。

但希波戰爭講完後，古希臘史的上半部總算告一段落。

在下面討論文學的篇章裡，本人要好好釋放一下，將一直壓抑著的主觀想法和感受盡情表達。還要好好推薦一下我喜愛的作者，狠狠踩一下我討厭的。

古希臘作品的最大特點就是生動活潑、感情豐富、昂揚澎湃。害得筆者每每讀這些字句就會情不自禁，一會兒像花癡般傻笑，一會兒又氣得拍桌子罵人。

不知大家是否和我一樣？

詩詞大家

首先講講情與愛。當年第一次讀到古希臘情詩時就被驚豔到了。

大家知道，中國人對欲望的表達有一套自己的獨特方式：除了最早有一篇直白、勇敢的「關關雎鳩，在河之洲」外，接下來幾千年對情感的態度基本有兩個：含蓄和示慘。什麼欲說還休，什麼猶抱琵琶半遮面，什麼人生空斷腸，什麼淒淒慘慘戚戚，不勝枚舉。

作為華夏好兒女，我自然也懂得欣賞這份婉約矜持之美，但看多了有時難免腸子癢癢。

1 莎芙的表白

那麼，希臘人是如何對待情欲的？人家光明正大地供奉著無比強大的愛神阿芙蘿黛蒂，因此可以大膽地傾訴，絕不忸怩作態。

我們來看看女詩人莎芙（Sappho）寫的幾句詩：

愛欲之神將我的心掏空：
有如狂風吹打荒嶺，
有如大樹連根拔起。

就問這個帶不帶感？

這位古希臘最早的女詩人莎芙生活在西元前七世紀末，也就是前面提到過的古風時代。而我們要再等一千七百多年，才能聽到廣為人知的中國女詩人李清照寫下「才下眉頭，卻上心頭」。莎芙不但在時間上占了先機，在題材上也走在了前端。不錯，她不但創作了大量露骨的愛情詩，而且思春的物件是女性。因為莎芙住在萊斯波斯島（Lesbos），因此在英文裡，拉拉被稱為萊斯波斯人（Lesbian，又譯作蕾絲邊）。

讓我們欣賞一下她寫給意中人的詩：

不朽的阿芙蘿黛蒂，宙斯的女兒，滿腹計謀的天神，
我向你祈求，不要用痛苦和悲傷將我的心扯碎。
當你再次聽到我絕望的聲音時，請如往常一般
暫別你父王的宮殿，屈駕到我身邊，
駕著你金色的戰車，

讓嬌美的喜鵲為你開路。
它們拍打著翅膀，
穿越黑色的大地，
從碧落到人間，
到我面前輕快地飛翔。
萬能的女神，
你的臉上帶著永恆的微笑，
詢問我這次呼喚你的緣由。
莎芙，你這癡情種又看上了誰？
又需要我將何人推入你的懷抱？
誰又傷了你的心？
如果她現在逃避，不久她就會投懷送抱，
如果她拒收信物，不久她會殷切給你獻上，
如果她不曾理你，不久她就算不願，也會沉淪。
是的，強悍的愛神阿芙蘿黛蒂，快到我身邊，將我從這煎熬中解救。
讓我心中的欲望得以實現。

在愛的掙扎裡做我最堅定的戰友。

如此露骨的詩句，讀起來卻一點兒也不妖豔，反而很純情。讓我們再看一首：

那個男子如天神般幸運，
他坐在你對面，
聆聽你溫柔的話語
還有你動人的笑聲，
我的心已為你淪陷。
我的舌頭發不出任何聲音，
我的眼睛看不見任何東西，
我的耳朵裡全是旋轉的嗚音，
一把嬌羞的火在我的皮膚下燃燒。
一陣冷汗將我濕透，
我的身體開始抽搐，
我比路邊的野草小花還無力，
彷佛離死亡不遠。

這首詩充滿了對肉體的描寫，但毫無色情之感。古希臘人向我們展現了如何自然地面對情欲，卻依然可以很高級。

莎芙最出名的，也是我最喜歡的，是這首詩：

不同的人說騎士、步兵或軍艦是世上最美麗的，

我卻不苟同，應該是我們心中最愛的那個人。

這答案不容辯駁，人間最美的海倫就是例子。

她將丈夫拋棄，

對自己的孩子和父母不管不顧，

私奔去了特洛伊，

只因多看了他一眼，

就被愛神阿芙蘿黛蒂的力量蠱惑，

……（缺句）

她讓我想到阿娜托瑞亞已不在我身旁，

我寧可看她行走時可愛的樣子和她投來的閃亮目光，

而不是呂底亞的戰車或武士。

從荷馬時代開始，武力爭鬥就是貴族生活的一部分。到了古風時代，希臘鄰國紛紛招兵買馬，軍事競爭日益激烈。受這些因素的影響，斯巴達走上了全民武裝之路，其他的希臘城邦也將軍力籌備放在首要位置。對戰爭的推崇同時加強了父權的主導地位，但付出的代價卻是將血腥和壓迫帶入日常文化。莎芙拒絕服從這個主流觀點，非要將愛神的地位排在戰神之前，將情感的歡愉放在蠻力征服之上。愛情的終點是精神和靈魂相互吸引和依託，非暴力所獲得的單方面快感可比。

除了情愛，最直擊人心的詩歌當然繞不過死亡，還有象徵死亡將近的衰老。

2 死亡和衰老

有一位叫彌涅墨斯（Mimnermos）的詩人寫道：

當璀璨的愛神已離去，此生還有什麼意義？
就算末日苦多，也不要讓我對女孩迷人的眼神、溫柔的雙臂和她令人癡迷的青春無動於衷。

當不堪的衰老來臨時，曾經俊美的少年臉上爬滿皺紋。
他被男人厭惡，被女人嫌棄，
心被憂傷壓迫，明亮的陽光不再帶給他快樂。
掠奪人類青春的神靈最是無情！

原來古希臘人也懂「色衰而愛弛」，不過這個領悟不僅困擾著女性，還有男性，至少還有點公平可言。

此外，彌涅墨斯還寫下：
我們珍愛青春的短暫綻放，
它有如在春日裡貪婪生長的嬌柔嫩枝，
可神明的旨意難知好壞。
在我們身邊，淒慘的老年或幽暗的死亡在黑色的土地上盤旋著。
生命之花猶如清晨的陽光，轉眼即散。
當身姿不再矯健時，活著不如死去。
我們的心被撕碎，家園被貧瘠掩蓋。
有人一生想要兒子，但最終無後而逝；

另一個被疾病折磨而死，魂歸不見天日的九重地。
這世上無人能躲過
宙斯所撒下的無窮苦難之網。

對人生之短暫和無常的思考是中國文學的長處，彌涅墨斯的詩被翻譯後，雖比不上中國古詩的無限悲愴老練，但也有些「念天地之悠悠，獨愴然而涕下」的味道。

另外還有一位有名的底比斯詩人，名為品達（Pindar），他被選為「古希臘九大抒情詩聖之一」，以創作讚美運動冠軍的《祝勝歌》而聞名。之前提到古希臘人在西元前七七六年創立了第一屆奧林匹克運動會，此後這個傳統被發揚光大，定期在各地舉辦活動。這首詩就是寫給一位在德爾斐的皮提亞（Pythia）大賽上獲勝的選手的：

歲月無情：
人為何物，亦非何物？
不過是夢中之影。
但若神靈將奪冠的殊榮恩賜，
奪目的光芒將停在此人身上，
他的平常日子也化作福祉。

品達的詩依然停留在荷馬世界裡那個人神共處的宇宙。

但在他生活的古典時代，即西元前五世紀，理性思維開始盛行，「邏輯」和「論據」被追捧，滋養神話和詩歌的多神教受到質疑。傳統文化的衰退猶如箭在弦上：這個絢麗多姿、靈動純真的古風時代終將隨風逝去。

古希臘悲劇

介紹完抒情詩後，必須認真聊聊悲劇。

古希臘悲劇的突出特徵就是它的口語形式和公眾性，它的創作過程並非像我們熟悉的現代形式：一個不食人間煙火的作家握著筆或敲打著鍵盤，獨自完成一部蓋世巨作。

悲劇、喜劇和諷刺劇都是進行宗教慶典時演出的舞臺節目，有紀念神靈的意義。相關儀式和活動對全民開放，其觀眾主要為前來朝拜的三教九流和販夫走卒。此外，當時的古希臘會讀寫的人鳳毛麟角，平日裡很少用到書面文字，因此戲劇的創作採用大量的人物對話，效果比旁白的敘述更生動和富有張力。照理說這個以普羅大眾為基礎、以口語為形式的文學樣式難免會有些low，但事實恰恰相反，古希臘悲劇的高度和深度可謂後無來者。

被完整保留下來的古希臘悲劇都來自一個城邦——不錯，就是文青聚集的風雅寶地雅典。那裡一共出了三位悲劇大家，分別為艾斯奇勒斯、索福克勒斯和歐里比底斯。這三位劇作家與九位抒情詩人一樣，年代上跨越了本書所涵蓋的古風時代和古典時代。

艾斯奇勒斯最出名的悲劇叫《奧瑞斯提亞》（Orestia），講的是阿伽曼農的兒子奧雷斯蒂斯（Orestes）為父報仇、親手弒母，然後面對審判的故事。

1 無法忘卻的傷痛

不得不說，艾斯奇勒斯的文字舉世無雙。

我當年讀書之時，曾被古希臘語虐得生無可戀。古希臘人的隨性也發揮在自己的語言上：名詞的詞頭可以變，詞尾一定變，每個動詞有好多個時態，但沒一個是符合常規的，還有各種雜七雜八的副詞，有時起大作用，有時純屬裝飾，總之就是變態至極。那段時間天天想撞牆，但一讀到艾斯奇勒斯的文字又沉默了。他的古希臘文高貴古樸、蒼勁感人，美得不可方物，讓人覺得古希臘語再沒人性也值得學。

人美心善的我要跟大家分享艾斯奇勒斯最被人稱道的一段詩句。這段優美的文字出自《奧瑞斯提亞》——古希臘悲劇裡除了主角外，還有一個多人組成的合唱團——在此劇裡，城邦裡的老年公民化身為合唱團。作為一群旁觀者，他們針對弒母慘劇吟唱道：

甚至在沉睡的夢中，
無法抹去的傷痛
依然緩緩流淌，一滴又一滴，滴在心頭。
直到
在漫無盡頭的絕望中，
我們不顧聲嘶力竭的吶喊，
神靈用不可思議的恩典
將智慧的靈光
強行埋入魂魄的深處。

這一段文字之所以出名，是因為甘迺迪總統的弟弟羅伯特・甘迺迪在馬丁・路德・金遇刺身亡後將其引用。

一九六八年四月四日，致力於種族平等與世界和平的美國黑人領袖馬丁・路德・金遇刺身亡。同日，第一時間獲得此消息的羅伯特・甘迺迪在發表演說時宣佈此噩耗。面對悲憤無比的聽眾，其中包括不少眼裡燃燒著怒火的非裔，羅伯特・甘迺迪腦中浮現的首先是艾斯奇勒斯的這幾句詩。

二十世紀六〇年代的美國與西元前五世紀的古希臘完全不一樣，但當仇恨撕出血肉淋漓的傷口時，刻骨之痛或許也能感同身受。

多少年後，我一直在思考，對當年的雅典人和後來的羅伯特．甘迺迪而言，最後一句裡的「智慧」指的究竟是什麼？

沒有標準答案，每個人的解釋都會不同。

我想是一種隱忍，就是明明心在滴血，傷痛在骨子裡燃燒，敵人在得意叫囂，卻依然拒絕仇恨，拒絕複製暴力，拒絕用殺戮來消除分歧。

如果對民主堅信不疑，那麼所有異見者有朝一日終會相互理解，和平相處的夢想將永遠不滅。越是崇尚自由，就越會懂得撫平傷痛、杜絕仇恨的必要。當無第二條路可行時，那無法忘懷的悲痛就只能帶給我們涅槃重生的智慧。

就在馬丁．路德．金遇刺身亡五年前，深受他的影響而支持反戰和平權的約翰．甘迺迪總統——羅伯特．甘迺迪的親哥哥已遇刺身亡。在公開誦讀了艾斯奇勒斯的詩句後兩個月，羅伯特．甘迺迪也遇刺身亡。

崇尚暴力的人一定會覺得還是子彈最有效，而詩詞毫無用處。

但曾幾何時，美國卻慢慢走出了當時的困局，不但從越南撤軍，還結束冷戰，並在法律上通過了種族平等的條例。儘管不同族裔之間的摩擦依然存在，但保護少數族群、發展多元社會的主流趨勢已定。

有人覺得甘迺迪家族是美國的最後一代貴族。這話很有道理，不是因為人家長得帥，家世顯赫，老婆氣質非凡——儘管這些他們都占了——而是在此之後，美國總統裡鮮有如此懂古希臘文化真髓的。

我們還是繼續講悲劇。

儘管艾斯奇勒斯文采斐然，但論劇情的豐滿和人物的現代感，另外兩位悲劇家索福克勒斯和歐里比底斯更勝一籌。

古希臘悲劇之所以震撼人心，皆因其主要矛盾並非來自惡人、小人或壞體制。這不同於中國的宮鬥劇，全靠幾個不擇手段、喪心病狂的反派來推動。此類故事雖看得很爽，但不會產生深度思考，因為注意力都放在打怪升級、除奸鏟惡上。

真正悲劇的發生從來不是因為純粹有壞人作祟，恰恰相反，所有犯錯者都既高貴又值得同情。

記得有一位著名作家在採訪中說，他筆下的人物沒有鮮明的好壞，連最卑微的人身上也有崇高的一面。這也算是十分獨特的領悟嗎？這只是沒認真看過古希臘悲劇而已！

當然，古希臘悲劇的這個獨特屬性也非偶然，其前提是一個遠離經濟壓力和專權管制的社會環境。對此雅典的民主制度功不可沒，其經濟分配讓大多數人無須為日常生計而發愁，而政治上的開放讓公民勇於發展自我，獨立思考。那麼，當麵包和自由都不是問題的時候，是不是就只剩下吃喝玩樂，笑著醒來？古希臘的答案是否定的：他們費盡腦筋最大限度地給予生命尊嚴，只為能體會其最深層的悲哀。

2 吾獨愛林

先看歐里比底斯的《希波呂托斯》。

主人公希波呂托斯是雅典國王忒修斯之子，獨奉狩獵女神阿蒂蜜絲為至尊，並發誓一生追隨。狩獵女神生性高冷，走的是禁欲路線，於是希波呂托斯也遠離女色，談情色變。

這世上有人不戀愛活不下去，也有人視情欲為毒蛇猛獸，這本沒什麼，但歐里比底斯偏要把個人取向提升到神鬥的高度。

見到希波呂托斯如此清心寡欲，愛神阿芙蘿黛蒂的玻璃心碎了一地：想擺脫我的影響，做夢！於是開篇阿芙蘿黛蒂就宣佈要讓希波呂托斯為藐視自己而付出代價，其方法就是讓希波呂托斯的繼母淮德拉（Phaedra）身不由己地愛上他！

這裡的愛情可不是粉紅泡泡少女心這種後資本主義消費文化中常見的甜美畫風。阿芙蘿黛蒂所啟動的是天地中最神秘的力量，足以將人毀滅但又無法抗拒，其本質更接近佛家所說的情債和劫難。

女主角淮德拉王后此時出場。

她被抬上舞臺時已三天沒有進食，身體虛弱，神志恍惚的她嘴裡嚷嚷著：

讓我去深山，讓我去叢林，
讓我隨猛犬追逐小鹿的氣味，
讓我聆聽野外狼群的嚎叫。
讓獵手的長矛在我臉頰邊飛過，
讓我滿頭淩亂的髮絲在風中散落。

大家有沒有在這狩獵即視感中聞到強烈的性暗示？

在旁照顧的奶媽卻摸不著頭腦，自己從小帶大的小姐病得不輕，好好的王后不做，要跑去野外遊蕩，這是中了什麼邪？

但問來問去，淮德拉怎麼也不肯透露原因，只對她說：

用面紗將我遮起來，

我的臉被羞辱扭曲，眼眶中強忍淚水，

清醒的意識讓我無顏面對自己，

持續的瘋癲也讓我不堪忍受，

死亡是最好的選擇！

奶媽被徹底嚇到了：好孩子，你若一死，你年幼的兒女該怎麼辦？沒有你的庇佑，他們將無法繼承忒修斯的家業，只會白白便宜了那個野種希波呂托斯……

聽到這個不可說的名字，淮德拉大驚失色，再三掙扎後才承認自己正是愛上了希波呂托斯。

奶媽嚇得兩手一甩，扭頭就走，將淮德拉一人扔下。

前一分鐘還說要替主人擋風遮雨，面對所有難題，現在卻第一時間逃離現場？

看來嘴上說得好聽卻沒有任何擔當的人，古今中外比比皆是。於是臺上只留下淮德拉孤零零一人，以及她心裡那個可怕的秘密。

接下來是她的一段獨白：

在漫長的夜晚，我曾躺在床上思考是什麼讓有些人親手毀掉自己的人生？在我看來，並非他們缺乏頭腦，大多數人都深曉對錯，但儘管如此，卻無法付諸行動。有時因為懈怠，暫拋是非於腦後，有時只顧享樂。

當我開始為愛發狂時，就立即思索該如何保存自己的名節，腦中的第一念想，便是深深埋藏這個恥辱的病源。但舌頭會背叛主人，它時不時自言自語，善於給別人忠告，卻難掩自己的秘密。於是我只能拚命壓抑這個瘋疾，但一切於事無補，無論我如何掙扎都沒能擺脫愛神下的魔咒。現在只剩下最後的辦法，就是一了百了的解脫。

要知道作為女人，一言一行格外受到關注。如若我德言善行，自然巴不得為外界所知，但若做下羞恥之事，我該如何面對世人？此病是如此難以啟齒，連一絲微弱的欲望都是真實的背叛，死亡才能解決一切；唯有我不復存在，才不會玷污我的丈夫與孩子。

他們才能在繁華的雅典立身處世，不因我受到羞辱和拖累，或在其他的自由公民面前抬不起頭。

如果父母荒誕不經，再優秀的人都會受其牽連。世人稱一生平安的法則。唯有誠實和謹慎，因為時間總會將隱藏的卑鄙暴露，有如奉上一面少女用的明亮鏡子。但願我永遠不會看到自己的醜陋面目。

淮德拉前思後想，覺得別無他路，只有一死。

如果就這樣自行了結，也算求仁得仁，但達不到悲劇的高度。

這時，前面差點兒嚇出心臟病的奶媽一下子又活了過來，想出了一個主意。她一面穩住淮德拉，一面私自跑到希波呂托斯處代女主人向他表白。

結果可想而知：淮德拉在臺上偷聽到希波呂托斯對著奶媽大聲地辱罵，稱淮德拉為妓女和蕩婦，弄髒了自己父王的床榻，還稱所有女子果然如天下烏鴉一般黑。

儘管被欲望所困，但淮德拉心高氣傲，非常在乎聲譽，於是當夜就自殺了。但她死前給自己的丈夫留下了一封遺書，指控繼子希波呂托斯非禮了她。

忒修斯看到證詞後惱羞成怒。希波呂托斯這個好青年卻遵守誓言——他曾在不知情的情況下向奶媽發誓不會向任何人透露其中的秘密。於是當父親質問時，他百口莫辯。忒修斯氣得跑去找老爹海神波賽頓哭訴——前面說過了，波賽頓是一個作惡高手，而且養的兒子一個比一個弱智。波賽頓承諾過忒修斯會實現他的三個請求。忒修斯於是詛咒自己的兒子不得好死，並讓他立刻滾出雅典。

下一幕，傷痕累累的希波呂托斯被抬上舞臺。原來他乘坐戰車離開雅典時，海上的一頭神牛突然現身。受到驚嚇的戰馬將他摔下戰車，在地上拖行——波賽頓就這樣兌現了他的承諾。

這時，女神阿蒂蜜絲出現，將真相告知天下——

國王忒修斯得知真相後追悔莫及，在臺上緊緊抓住希波呂托斯的手，悲傷欲絕。

希波呂托斯帶著身上錐心刺骨的傷痛，感嘆道：天父宙斯，您看到了嗎？這一生我追求純潔的靈魂和肉體，沒人比我更克己復禮，但現在我帶著一身傷痛，不甘心地睜著雙眼，走向九重地，帶著一路陪伴我的崇高和善良。這些稀有的美德都沒救下我。

被潑了一身污水而蒙受冤屈的希波呂托斯最終在死前原諒了自己的父親，但此生忒修斯不會寬恕自己。

這個故事歸根結底是誰的過錯？淮德拉表示很無辜。本來好好的，阿芙蘿黛蒂出於嫉妒非要讓她愛上希波呂托斯。好吧，抗拒不了欲望，就讓自己從此消失，腦殘奶媽為什麼要把這個秘密透露出去？

被希波呂托斯無情拒絕並辱罵時，淮德拉羞愧難當。她確實撒了謊，但個人清譽是她的底線，她並不知道希波呂托斯同意保密。除了撒謊而先發制人，她別無他法。

如果希波呂托斯多些同情，少些清高，忒修斯多些信任，少些魯莽，事情也許不會往最壞的方向發展，可偏偏每個人都已竭盡全力而又無可奈何，大家同是施害者又是受害者，世間最大的悲劇莫過於此。

3 我不服從

前面已經提到，古典時代的雅典婦女在日常生活中缺少自由：她們被局限在家庭空間內，除宗教儀式外不能在公共場所拋頭露面，更沒有同等的政治權和經濟權可言。所幸在戲劇的世界裡，女性主角不但眾多，而且敢作敢為、特立獨行。

索福克勒斯筆下的《安蒂岡妮》（Antigone）就是這樣一部大女主的作品。

女主角安蒂岡妮出場的時候，只剩下她和妹妹伊斯梅內（Ismene）相依為命。她們的父母——底比斯的國王伊底帕斯和王后喬卡斯塔已經去世。在前一天，兩個哥哥也相繼戰死。

伊底帕斯臨死之前，曾留下遺命讓安蒂岡妮的兩個哥哥輪流為王。但大哥任期滿了後拒絕退位，二哥一氣之下勾結外敵攻打底比斯，結果兄弟二人雙雙戰死。舅父克瑞翁繼承王位，他視二哥為叛徒，頒佈一道命令，將他的屍體拋棄在野外，任猛獸啃噬。

安蒂岡妮得知後拒絕遵從，一定要將其安葬。

妹妹伊斯梅內好心勸阻，安蒂岡妮卻冷冷地回答：

無論誰出手阻撓，我都會埋葬他。

就算我為此被殺，雖死猶榮。

他是我的手足，我們之間血濃於水。

讓我來承擔這個神聖的罪責。
我對地下的神靈懷有更大的敬意，
將來有一天我會長眠在那裡。

按當時的說法，冥間的神靈規定所有人死後不分貴賤都須妥善安葬，並享受祭奠儀式。伊斯梅內建議：要不就偷偷將哥哥埋葬，不讓人發現，既可了你心願，又不觸犯法律，豈不兩全其美。

倔強的安蒂岡妮義正詞嚴地回絕：「如果不讓我公開反抗，我會更痛恨你。」

要說身世悲慘，鮮有人比得上這個小姊姊。她老爹伊底帕斯自己就是另外一部悲劇的主角，被預言會弒父娶母。結果因為各種機緣巧合，伊底帕斯在不知情的情況下全部親手兌現。做就做了吧，他還不遺餘力地打探事實，真相浮現後生不如死，將自己的雙目戳瞎作為懲罰。

小姊姊的兩個哥哥也不讓人省心，先前吵鬧時被老爹詛咒不得善終，結果真沒能和平共處，兩人在戰場上決鬥時竟同時刺中對方，落了個共赴黃泉。

現在，他們的妹妹安蒂岡妮下決心要違抗剛剛頒佈的國家法律。

新任國王克瑞翁是何種立場？

他是這樣向臣民表達自己的心聲的：

天神將我們的城邦如一葉小舟般擲到波尖，又迅速將其扶穩。伊底帕斯的兩個孽子，在一天內同歸於盡，於是王位落在了我的頭上，他們的至親。

我堅信，一個城邦的領袖必須如舵手般穩健，他需力排眾議，執行最有效的政策，不懼得罪他人。

如若有人不將其祖國的利益放在第一位，這樣的人不配身為公民。天上的宙斯為證，如果我的同胞面臨危險，我絕不會三緘其口，也不會縱容任何對底比斯不利的人。

我對民眾下達了通告：伊底帕斯的長子為國捐軀我們會以最隆重的葬禮安葬，但他的次子，卻因為個人野心，企圖一把火燒毀這裡的一切，包括所有同胞和祭拜的神靈。

膽敢如此嗜鄉親之血，奴役國民之人，對他，我要鄭重聲明：

不許任何人為他舉行悼念儀式，不准為他哭泣或祭拜，他的遺體必須曝屍在外，讓鷹犬撕成裂片後大快朵頤。

願所有人都看到他的下場。這就是我的原則：
對城邦做貢獻的人，我一定會嘉獎；對亂國之人，我一定不會放過。

至此，我們看到安蒂岡妮和克瑞翁的想法完全不同，但各有立場。

被手下告知有人私自埋葬次子時，克瑞翁不相信有人竟敢違反他頒佈的法律。等守衛把這個罪犯帶上來後，克瑞翁才吃驚地發現這個膽大妄為之徒原來是自己未成年的侄女。

安蒂岡妮平靜地告訴國王：

這條律法不是宙斯頒佈的，也非來自正義女神，她與其他神靈一起居住在下界，命令我們將所有人妥善安葬。我不認為你那麼強大，僅憑一己之力，便可顛覆他們的旨意。

雖然這個習俗沒被付諸明文，也沒在大庭廣眾下被宣讀，卻永遠有效，無論是過去、現在或將來。因此我不會因為懼怕一介凡人而冒犯他們。

我一直想著生命的終結——就算沒有你的禁令，也會有那一天。或許早點結束此生反而是我的福氣。這輩子我已經歷了太多厄運。死亡未必會給我帶來更多的痛苦。

反之，如果我讓親哥哥橫屍曠野，將會有如萬箭穿心。若有人怪罪我行事乖張，那是因為指責我的人自己不明事理。

儘管安蒂岡妮公然抗命，但出發點並非為了膚淺的個人得失。她雖語氣傲慢，但做事的方法卻符合和平抗議（Civil Obedience）的準則。和平抗議有別於一般的違法亂紀，因為它一方面沒有傷害他人的意圖，另一方面則通過反對的聲音來促進社會的認知和討論，有其獨特的民主價值。

相比之下，克瑞翁接下來的言行處處彰顯著他的偏激和專制。因為忍受不了自己的王權被挑戰，他不顧身邊人的反對，決定將安蒂岡妮處決，以正視聽。

這個安蒂岡妮，雖然有很多家族黑歷史，在花季之年暮氣沉沉，成天滿腦子想著死亡和造反，不會美妝美顏，發嗲撒嬌，不計畫談戀愛出國生娃，可這個世上卻偏要有一個人不在乎，並願意全心全意地愛她。這個人就是她的未婚夫，克瑞翁的獨子海蒙。大家是不是已經可以嗅出迎面而來的悲劇味道？

海蒙趕到現場，還未開口就被老爸斥責：

你是來向我發難的嗎？

你已獲知我對你未婚妻的裁定？

不可一世的克瑞翁卻生了一個謙卑恭順、重情重義的兒子。海蒙回答：

父王，我是您的親骨肉。如果您的決定正確又妥當，我一定會欣然遵守。再美滿的婚姻都不能取代您的肯定和支持。但體察民情是王者最優秀的品德，身為旁觀者，我更容易聆聽來自外界的聲音。

我發現當您排斥一些事物時，您的眼神讓臣民恐懼。黑暗裡的竊竊私語傳到了我的耳朵裡：整個城邦都為這個女子嘆息。大家如此議論：只為不想讓自己的哥哥曝屍荒野，她不該有這樣悲慘的結局。

父王，沒有什麼比您的名聲更讓我在意。請不要固執己見，睿智之人最懂博采群議，而一意孤行的人卻如同過於筆直的樹枝，容易折斷。請暫時收起怒火，接納眾人的意見，沒有城邦是只屬於一個人的。

接下來是父子你一言我一語的火爆對話：

「黃毛小子也敢教訓一國之君？你是否想包庇叛徒，做一個大逆不道之人？」

「我只想指出您的禁令有失人心。」

「你對王權沒有任何敬意。」

「您對神靈沒有任何敬畏。」

「你為一個骯髒的女人說話。」

「我沒有做任何羞恥的事。」
「你一心只顧及她。」
「我考慮的還有您、我自己和地下的神靈。」
「你不會娶到活著的她。」
「如若她死，則會有另外一個人為她陪葬。」「你敢威脅我？」
「您對我的誤解如此之深，何談威脅？」
「你會後悔如此頂撞你的父王。」
「您只執著於自己的看法，卻聽不進一句規勸。」

克瑞翁惱羞成怒，派人去把安蒂岡妮找來，要當著兒子的面將她處死。海蒙氣得匆匆離去。真正的悲劇就此引發，再也無法逆轉。

這時盲眼巫師特伊西亞斯（Tiresias）跑來告訴克瑞翁，天上的鳥雀示出凶兆；神靈拒絕接受供奉和祈禱，原因只有一個：伊底帕斯有一個兒子未被安葬。

與所有一意孤行的人一樣，克瑞翁開始懷疑特伊西亞斯被人收買，有意跟他作對。可思前想後，他又生怕被特伊西亞斯言中，於是下令將安蒂岡妮從關押的空墓中放出。

這時，所有演員離去，舞臺換了場景。

一個目擊者上臺向觀眾訴說了他在墓穴中的所見所聞：國王克瑞翁匆匆趕到安蒂岡妮被關之處，正值花季的女孩已上吊自盡。海蒙抱著未婚妻的屍體，以最淒厲瘋狂的眼神看著自己的父親，先朝他吐了一口，然後在空中揮舞著匕首。

克瑞翁嚇得連退好幾步，海蒙隨即將匕首插入了自己的身體，隨即趴在了未婚妻的屍體上。這兩個年輕人終於成婚，在幽暗的九重地、黑帝斯的宮殿裡。這時，海蒙的母親聽到這個驚人的消息，悄然離開舞臺。接下來，她的屍體被抬了上來。

她死前詛咒自己的丈夫，因為兩個兒子皆因父親克瑞翁而死。她滿腹怨恨，在聖壇上自盡。最後，舞臺上只留下克瑞翁一人，悲痛地發出嗚嗚的慘叫。驕傲的王被徹底摧毀。

4 不靠譜的黑格爾

有關這部悲劇，黑格爾給出了一個著名的解讀，他認為雖然克瑞翁和安蒂岡妮的訴求各有道理，但前者所代表的是國家主義，而後者代表狹隘的家族親情——當後者被前者淘汰時，就構成了歷史的進步。黑格爾在德國哲學界裡算是有兩把斧子，但這個論述卻謬以千里。

戲中的矛盾並不是大集體和小家庭的對抗，而是對民主城邦的定義：明明多數公民並不贊成克瑞翁的做法，為何他一人之言仍然可化作國家的法律？

更重要的是，矛盾的關鍵並不涉及殺人放火的傷害行為，而是一個已死之人的最後體面。如果連最基本的尊嚴都可以因政權交替而被隨時抹去，那所謂至高無上的城邦將如何伸張正義並維護天下眾生？劇中神靈讓克瑞翁失去所有親人而孤獨終老，就是古希臘人對他最明確的立場。對不起了，黑格爾。

劇中合唱團所吟唱的《人賦》表達了索福克勒斯對人性的複雜看法。這段臺詞先歌頌了科技和文明所取得的成就，然後又指出其中的盲點和偏執，最後合唱團總結道：

人可邪可正，若他敬畏天神，尊重法律和正義，他的城邦會繁華昌盛，若他不假思索地自甘墮落，便會無處安身。

這深刻的反思恰恰出自古典時代權傾天下的雅典。

在悲劇裡，年紀輕輕的安蒂岡妮孤身一人挑戰了當時被認為最合理和進步的權威：政府、法律、國家大義、領袖權威、世俗觀點⋯⋯居然還得到了天神的肯定。

兩千多年以後，在科技和社會高速發展的二十世紀，張愛玲也看到了社會飛速變更中更觸目驚心的蒼涼：

> 時代的列車轟轟地往前開……在漫天的火光中也自驚心動魄……我們只看見自己的臉，蒼白，渺小；我們的自私與空虛，我們恬不知恥的愚蠢——誰都像我們一樣，然而我們每人都是孤獨的。

能在繁華中看到虛無，在太平中察覺危機，這才是偉大的文學無可代替的功能。

5 復仇可以多痛

好吧，是我欺騙了大家。

之前說過悲劇裡沒有惡人，前面講到的淮德拉和安蒂岡妮，儘管態度決絕，但自帶一身孤勇的英雄氣質。這個傳統卻在歐里比底斯的《美狄亞》（Medea）裡被徹底顛覆了。

《美狄亞》的故事情節很簡單。主人公美狄亞是外邦科爾喀斯的公主，她與前來偷盜金羊毛的希臘王子伊阿宋（Jason）墜入愛河，而後二人私定終身，雙雙回到了希臘的科林斯。

幾年後，渣男伊阿宋想出一個提高生活品質的捷徑，就是拋棄美狄亞，和科林斯的年輕公主成親。

伊阿宋義正詞嚴地宣稱，這是為了他們的孩子著想：

我的動機純潔——讓大家過更好的生活，而不被貧困所苦，沒人願與窮人交友。我想給我們的兒子王子的身分，不久我會富有四海，膝下人丁還會更旺。但對你的兒子和新的子嗣，我會一視同仁，絕不厚此薄彼。此舉不是喜新厭舊，而是想解救你，再給我們的孩子添上有王室血統的弟弟，讓他們立於不敗之地。是你自己不知收斂，去找國王慪氣，現在他將你驅逐，連我也無法相救。

伊阿宋一番顛倒黑白的言辭，讓美狄亞回敬了一句所有有良知的人都會同意的話：「在我看來，沒有誰會比一個生性邪惡又巧言善辯的人更易遭天譴。」不怕壞人壞，就怕壞人渾身是理，把被欺負的活活氣死。

西元前五世紀末的雅典流行修辭和演說學，能言善道、見風使舵、投機取巧這些表面技能開始盛極一時。伊阿宋這個人物的塑造恐怕與此不無關聯。

美狄亞當初為了伊阿宋而與自己的父親和兄弟決裂，已是舉目無親，無家可歸。兩人曾經的山盟海誓全都餵了狗。

她在舞臺上對著當地婦女的合唱團念了一段獨白：

不可置信的悲痛掏空了我的靈魂，一切都結束，此生將再無歡愉。曾以為可託付終身的丈夫，卻是這世上最惡毒之人。

作為女人，命運對我們太不公平。首先要送出大量嫁妝，才能換回一個霸佔我們身體的人，雪上加霜的是，一生的幸福不過是一場賭博：對方是良人還是惡夫？若想躲避婚嫁毫無可能。

一個女人如果離開她的丈夫，名譽便會受損。當妻子嫁入夫家時，必須學會新的規矩和習俗，費盡心機地服侍枕邊之人。如他滿意，則被人稱讚，如被嫌棄，便生不如死。

作為男人，若厭倦家庭，則可以出去尋歡作樂，有同伴和年齡相仿的朋友相隨。他們卻還說女人過得太舒服，不需行軍打仗。這話毫無道理，我寧可拿著盾牌三上前線，也不願再經歷一次生產的痛苦。

如今我的處境不堪之極，這裡是你們的家園，作為本地人，你們還有朋友和親人，我卻被拋棄和唾罵。他的無情讓我無家可歸。當初是他將我如戰利品般帶回，而如今我卻舉目無親。

女人確實比較軟弱，她不能上戰場，一看到武器就顫抖，可一旦她被感情傷害，就會比任何人都歹毒。

美狄亞對女人遭遇的傾訴放到今天也是擲地有聲。但若光講婦女如何不幸、糟糠之妻如何被棄、伊阿宋如何是個西方版的陳世美，你就太小瞧歐里比底斯了。

與伊阿宋大吵大鬧的美狄亞突然有一天一百八十度大轉變，低眉順眼地主動承認錯誤，並答應自行離去，只求公主能善待自己的孩子，還奉上披風和花環作為伊阿宋再婚的賀禮。伊阿宋大喜過望，心裡的一塊石頭終於落了地。他哪裡知道，無窮的悲劇正等著他。

那披風和花環被准新娘戴上後忽然燃燒起來，將她和企圖救自己女兒的科林斯國王一起活活燒死了。這還不夠。

然後美狄亞親手——注意是親手——捅死兩個兒子，只為讓伊阿宋從此斷子絕孫，品嚐錐心刺骨之痛。最後她坐上飛龍戰車，升上天空，在她祖父太陽神的庇佑下前往雅典。

美狄亞這一系列行為孰是孰非，留給大家自己去思考。她作為外邦人孤獨無助的處境絕對值得同情，但將自己的傷痛轉嫁給無辜之人，還手刃自己的至親骨肉，卻讓人不寒而慄。如果非要從悲劇裡找惡人，美狄亞或許可以被列為候選人，但毋庸置疑，如若社會不斷傷害女人，她們的不幸最終會將所有人牽扯進去。

無韻的話語

1 民主的演說

西元前五世紀的雅典，不但在文學上「驚豔了時光，溫柔了歲月」，連公共演說也非常出彩。

這裡我們不能不提到伯里克里斯——此公被史學家修昔底德推崇為雅典有史以來最偉大的政治家，沒有之二。西元前四百六十年到前四二九年他執政的這三十載被稱為「伯里克里斯時代」。

要知道雅典人當時雖然實行了最前端的民主制度，卻沒有留下長篇大論，所謂行動就是最好的說明。唯一可以讓我們驚鴻一瞥的是伯里克里斯著名的《國殤致辭》，僅寥寥幾語就將雅典民主政治的意氣風發闡釋得淋漓盡致。

讓我們來領略一下其中的經典章節：

雅典從不屑抄襲鄰邦，因為我們就是別人的教科書。

我們的城邦被定義為民主社會，因為大小事務均由廣大公民決定，而不是少數精英。作為希臘的楷模，我們竭盡全力向大眾提供最好的機會和保障：不但法律視人人平等，貧窮也不構成任何人施展才華的障礙。如果有人功成名就，那絕非因為他的家世或財富，而是基於他對公共領域的貢獻。

在積極向上的同時，我們也不忘通過賽會和慶典來紓解身心的疲勞。我們的住宅賞心悅目，與氣勢宏偉的城市建築遙相呼應。

這座美麗的城市對整個地球開放，我們從未驅逐過一個外邦人，或疑神疑鬼地擔心別人是奸細。面對安全上的威脅，我們依靠的不是政府的強制措施，而是民眾的自發行動。

我們生活在前所未有的自由中，但同時也願意為此承擔一切責任和危險。

我們追求舒適，但不奢侈；我們崇尚智慧，但不柔弱。我們積累財富的目的是為了滿足實需，而非炫耀。

如果我們唾棄貧窮，那不是因為它本身，而是對此的無所作為。我們全心投身公共事業，但也盡情享受私人生活。我們的民眾雖忙於生計，但對國家大事卻瞭若指掌。與其他地方的人不同，我們認為只關心自己的人不是缺少雄心壯志，而是一無是處。

這裡面的每一條放到今天都是一個大寫的霸氣：這不就是我們理想的社會嗎？兩千多

年前就被雅典當成了天經地義。

但事實上，西元前五世紀雅典的政治發展卻讓人心碎一地。伯里克里斯在西元前四五一年立法規定，只有父母都是雅典人才能成為公民。儘管他平時關注底層民眾的利益，甚至發放政府補貼，鼓勵更多人參政，還在衛城上修建了傲視天下的公共建築，但這些成績都抵不了這條公民法所帶來的駭人退步：民主什麼時候開始講出身而不給所有人平等機會？什麼時候開始允許一個排外和單一的社會存在？另外，伯里克里斯還提到女人最大的殊榮就是不被人談論，意思就是女人就該在家相夫教子，寡言慎行。

這些觀點已然令人生厭，但最讓人不能忍受的是伯里克里斯的表裡不一。他自己和一個喜歡言論前衛、思想活躍的外邦妓女同居。兩人生下的後代——一個母親不是雅典人的私生子——卻被破例授予公民身分。更讓人無法接受的是，他把民主唱得如此動聽，卻對外帶著雅典人到處橫徵暴斂，行不義之師，最後自己被戰爭引發的瘟疫反噬，害得雅典也從此江河日下。

對於不同的意見，我可以盡力尊重，但對虛偽卻完全不能忍受。因此每讀到伯里克里斯的所作所為時，就被他氣得肝疼。

西元前五世紀過後，文學和歷史都退到一旁，古希臘的哲學閃亮登場。最出名的也是三個人：蘇格拉底、柏拉圖和亞里斯多德。不少人認為古希臘文化最大的成就是哲學，跟這些人我真沒什麼可說的。

2 哲學裡的傳說

只記得當年苦學古希臘語，讀到亞里斯多德時，我只想掀桌子：這傢伙還能算是希臘人嗎？寫的東西味同嚼蠟，如何有臉去面對自己有趣之極的祖宗？

再說了，神話和詩歌裡難道就沒有智慧和哲學？非也！人家只不過沒有將生活現象剝去細節並簡化成抽象特徵，而是用講故事的生動形式讓聽者自己體會，這與佛家的參悟很像，此中的精妙未必不如邏輯推論。

好吧，雖然我的看法很主觀，但這三人都不支持民主，亞里斯多德還說有些人天生適合被奴役，所以就大是大非而論，我也有權對哲學持有異議。

蘇格拉底生前沒有寫下隻言片語，這惜字如金的派頭和其他哲學泰斗，如耶穌、孔子和佛祖等如出一轍。世人對蘇格拉底的所知主要來自他的大弟子柏拉圖的記錄。在蘇格拉底於西元前三九九年被處死後，柏拉圖自立門戶。但他後期文章風格嚴肅刻板，語氣高高在上，不信可以直接去看。

這裡討論的是一篇名為《會飲篇》的著作，是柏拉圖的早期作品，還算比較好玩。內容就是某一天幾個名人聚在一處，飲酒奏樂，高談闊論，聊著聊著就衍生出一堆富有哲學的對話。古人留下的千古之言都不是刻意為之，而是在恰當時機有感而發，不像現在，為了拿證書，評職稱，不得不硬著頭皮湊出好幾百頁的文字。可見儘管古人物質上相對貧乏，但他們在精神上的自由和愜意，我們卻難以想像。

「組團喝酒搞文藝」的傳統，從荷馬時代就開始盛行，在古風時代備受貴族青睞——從那時候起，希臘人就跟波斯人學會了躺著吃喝，前面提到的抒情詩就是在這類酒宴上吟誦的。到了古典時期的雅典，這個活動逐漸大眾化，不再限於貴族階級，但女性依然被排除在外，當然不包括旁邊伺候婢女和招來助興的藝妓。

大家猜猜，雅典城幾個出了名的老男人聚在一起都聊什麼？不是行軍打仗，也不是升官發財，就一個字：「愛。」

第一個上來發言的強調愛分為兩種：肉體的和靈魂的。後者追求智慧和真理，不會因容顏衰老而褪色，因此更勝一籌。這就是大名鼎鼎的柏拉圖之愛。

接下來發言的是雅典著名的喜劇家阿里斯托芬（Aristophanes），他講了一個頗有深意的傳說：

最早的原始人類圓圓胖胖的，有四隻手和四隻腳，頭的前後各有一張臉，面朝相反的方向。他可以直立行走或後退，用四隻手和四隻腳飛奔，還可以在地上快速滾動。這些奇特的人有三個性別，他們有些是男男，有些是女女，有些半男半女，不像我們只有男人和女人。傳說中，他們體格健壯，心態堅毅，能力遠遠超過人，可以和天神一爭高低。

神界討論如何對付這些危險的人種，有人建議全部殺戮，但宙斯認為只需將他們變弱即可，於是便將他們一劈為二，新的人不但力量少了一半，對神的供奉還在總數上多了一倍。

從此以後，被一分為二的人各自流落，他們不停地尋找原來的另一半，想要再次合為一體，重回當初不分彼此的狀態。因此，愛就是對完整的渴望：它讓欠缺的人生再次圓滿。

不知道是不是只有我一個人驚嘆，這個如此美好的比喻硬是在乾巴巴的哲學論證裡植入了這麼一段清新可愛、富有靈氣的故事。

當然，酒宴最後，蘇格拉底壓軸登場，三言兩語把別人都說下去了。這還不夠，突然來了一個儀錶堂堂的貴族少年，借酒裝瘋，向眾人透露蘇格拉底的英雄事蹟，還抱怨自己向他表白多次卻被拒——儘管蘇格拉底是個奇醜無比的老頭。

看多了柏拉圖的著作，就會發現裡面慣用的套路：無論蘇老師的態度如何謙虛低調，語氣如何平易近人，張口閉口就是「我對事物一無所知」，到最後與他爭論的人都在眾目睽睽下被撕得體無完膚。換言之，他的對話物件無一倖免地成了弘揚蘇式哲學的墊腳石。

相比之下，悲劇和詩歌一再提醒觀眾，再權傾一世、機關算盡的人也有思慮不周、脆弱無助的一日。但在哲學的「理想國」裡，生活悠閒、熱衷理性思維的專業哲學家被獨尊為王（philosophy king），肩負治理天下之重任。而其他人只能做二等公民。這種精英思想嚴重違背民主精神，別說宙斯不答應，雅典人民不同意，連敝人這關都過不了。

但無論如何，蘇格拉底有一件事讓人肅然起敬：甘願為理念而死。西元前三九九年，出於各種複雜的政治原因，他被公民法庭裁定犯有毒害青少年和對神靈不敬這兩條罪，判處他必須服毒自盡。他身邊那些深愛他有趣靈魂的富家弟子都勸他速速逃跑，蘇格拉底卻拒絕了，理由是他這輩子享受著雅典的自由，參與了城邦法律的擬定，怎可因判決對自己不利就抽身而逃？對我而言，蘇格拉底最可貴的不是對哲學的開創，而是對民主精神的闡述。只有在雅典才會出現他這樣的人：平日裡可以大放厥詞，我行我素，但在生死攸關之時，依然遵守原則，言行一致，不計後果。接下來的兩千多年裡，西方沒少出哲學家，儘管他們的著作洋洋灑灑、高深莫測，但肯用自己的血肉之軀來祭奠真理的卻寥寥無幾。

蘇格拉底去世後，哲學的接力棒交到了柏拉圖和亞里斯多德的手裡，往後的希臘歷史還會持續好幾個世紀，但深含民主真諦的成分越來越少，花裡胡哨的表面功夫卻越來越發達——英雄與神靈眷顧大地的時代已然一去不復返。

Postscript

番外篇

如果神話也分高低貴賤，《荷馬史詩》因年代久遠和篇幅完整，絕對是五星級。其他有關特洛伊戰爭的記載多來自晚期作者，而且零星散落，不能與之媲美。儘管如此，它們中的一些填補了《伊利亞德》和《奧德賽》中間略過的時段，讓兩部史詩更好地銜接，讀之也不失有趣。

1 英雄時代的最後七十二小時

前面說過，到了《伊利亞德》的結尾，阿基里斯已不復當年意氣風發、躊躇滿志的少年。為了替帕特羅克洛斯報仇，他再次出山：畢竟自己的兄弟是因為不忍心希臘人被殺才命喪沙場的。更何況，像阿基里斯這樣尚未到退休年齡的貴族男子，除了打仗外還真沒其他行業可以投身。但毫無疑問，在這場戰爭進行到第九年時，阿基里斯與盟軍已經產生了無法彌補的嫌隙，對大戰的終極目的也滿腹困惑。這根本的轉變在後面發生的兩件事上得以充分體現。

2 亞馬遜女王

首先，他在戰場上迎來了美麗的彭忒西勒亞（Penthesilea）女王。

之前赫克托爾之死讓特洛伊陷入了極度焦慮和恐慌。赫克托爾是全族的中流砥柱，他在世一日，就可保眾人平安。一旦他不在，無人可以抵禦古希臘第一勇士阿基里斯。正當特洛伊全城上下人心惶惶、不知所措時，十多匹戰騎從城外的平原上賓士而來。等靠近一看，騎手居然全是女人，她們個個身穿盔甲，手持武器：原來，亞馬遜人的女王和她的十二名隨身武士不遠千里前來支援。

對特洛伊的民眾而言，亞馬遜人的出現讓他們覺得這是老天垂憐，從天而降的援兵無疑給全城上上下下注入了一針強心劑。

儘管如此，當地民風保守，從未見過這樣顛覆傳統角色的女性。因此，彭忒西勒亞女王和她的手下在特洛伊城駐紮僅僅幾天，就引起了騷動，街頭巷尾開始議論紛紛，將特洛伊推入了一個全民八卦的時代。

人們好奇的是，單一性別的王國是如何繁衍的？（看過《西遊記》的我對裡面的女兒國同問）。八卦出來的答案聳人聽聞。據說亞馬遜的女人會把年輕男子帶進領地，在懷上孩子後便殺掉他們，如果生下男孩，就將他們棄之荒野。平日，亞馬遜女人互為伴侶，也就是舉國都是我們說的「拉拉」，這點恐怕最讓男性感到不安。男權社會表面上嫌棄女人「無用」，但實際上最需要嬌柔女性對男性的各種依賴。

兩軍開戰之際，八卦如此倡狂，我們對此卻不能太苛責，畢竟特洛伊人民已經被敵人圍困了十年之久，不僅長期承受著精神上的煎熬，還剛剛喪失了守護者赫克托爾。用八卦來逃避現實，舒緩壓力，太正常不過了。

不幸的是，彭忒西勒亞的戰鬥力遠不如她帶來的八卦兇猛。

3 真正的相愛相殺

目擊者是這樣描述這場戰役的：

在特洛伊以西的平原上，彭忒西勒亞和阿基里斯的戰騎如離弦之箭飛向對方。在兩人擦身而過之際，阿基里斯舉起長矛，沒有任何延緩和遲疑，一矛就刺穿亞馬遜女王的身體。這讓所有觀戰的特洛伊人看傻了眼。瓜子還沒開袋，演員就謝幕了，古希臘第一勇士果然不是吹的。

接下來發生的事情既傳奇又狗血。

彭忒西勒亞被刺後從馬上摔下，一下子倒入阿基里斯懷中。女王的頭盔滑落，露出了一頭亮麗的秀髮和一張美得驚心動魄的臉龐。阿基里斯看到後，瞬間墜入愛河。但一切都發生得太快，一縷芳魂已逝，等古希臘第一勇士回過神來，什麼都來不及了。

他們二人上演了最純粹的相愛相殺，這其中的寓意也十分深刻：戰爭就是遮擋彭忒西勒亞臉頰的頭盔，它不讓人看到對方動人的一面。

4 帕里斯的歪箭

彭忒西勒亞死後，特洛伊城再度陷入了恐慌。國王普里阿摩斯不得不苦思對策。特洛伊的核心問題是因無人接替赫克托爾而群龍無首。普里阿摩斯已年過半百，小兒子帕里斯又不務正業。後世評論家認為，當時城裡最適合擔任領導的是後來羅馬的創建者艾尼亞斯（Aeneas）——愛神阿芙蘿黛蒂和普里阿摩斯表兄的兒子。但是這個王子終究沒有被委以重任。也許普里阿摩斯太過看重血緣，還是想在直系親屬裡找接班人（普里阿摩斯可不是禁欲派，有姬妾好幾號，兒女好幾打）。最終，老國王想出了一個絕妙的逆轉方案：招阿基里斯為婿！打不過你還不能跟你好嗎？這套路近代以前在歐洲被反復使用：一手抓武力，一手搞聯姻。所以，歐洲王室之間基本都是親戚。普里阿摩斯的如意算盤是這樣的：阿基里斯本來就與希臘盟軍貌合神離，在拿回赫克托爾屍首的交涉中，可以清楚感受到阿基里斯的孤獨。再者，普里阿摩斯也看到了阿基里斯對彭忒西勒亞的心動——自古英雄愛美人。阿基里斯如果同意聯姻，不但可以讓希臘人無功而返，特洛伊還可以從此高枕無憂。

然而，人算不如天算，當阿基里斯前來談判時，我們的偶像劇男主角帕里斯趁其不備，突施冷箭。但帕里斯箭術太差，誤射到了阿基里斯的腳踵——這個唯一能置他於死地的地方。於是預言終於靈驗，一代英豪倒地身亡。阿基里斯沒有死在戰場，也沒有等到盟軍攻下特洛伊，卻被帕里斯這個宵小之徒暗算。世間最慘的往往不是震撼人心的悲劇，而是荒謬離奇的鬧劇。唯一值得安慰的是，在歲月的長河中，無數人都已被湮沒，但歌頌阿基里斯的詩歌卻代代相傳。後來，帕里斯本人也死在希臘人的毒箭之下，這也算是冥冥之中的因果循環吧。

阿基里斯死後，特洛伊和希臘再沒有講和的可能，只剩下你死我活。阿基里斯的屍體被帶回後，希臘人將他與帕特羅克洛斯合葬。這兩人生前形影不離，死後也得以長相陪伴。

意外的是，在隆重的葬禮上，希臘盟軍平白無故又折損了一員大將。至此，奧德修斯才最終上位，榮登希臘英雄榜榜首。

5 逝者之殤再現

在七十二小時之內，步阿基里斯後塵的第二人名為大埃阿斯（Aías）。此人是誰？他就是宙斯的曾孫，阿基里斯的表弟，表兄弟二人當年曾一起在大名鼎鼎的半人馬奇戎門下學藝。據說大埃阿斯外表挺拔、武藝高強，曾在戰場上與特洛伊第一高手赫克托爾打了個平手，戰鬥力僅次於阿基里斯，因此長年在希臘英雄榜上排名第二。

雖沒有位居第一，但大埃阿斯深受後人喜愛，雅典的許多重要人物，包括我們提到的歷史學家修昔底德，都尊他為遠祖。之前說過，在黑暗時代，文字典籍消失殆盡，早期的歷史變得模糊而神秘。也許正因為如此，民間對英雄人物的追憶反而格外火熱——荷馬是這方面的傑出代表。史詩裡有頭有臉的人見面都要誇耀一番自己的出身：「我爺爺的爺爺是宙斯」，「我媽媽的媽媽是阿芙蘿黛蒂」。除此之外，還有不少人熱衷於對青銅時期留下的古遺址進行祭拜，順便尋點庇佑，沾點仙氣。我們已經知道希臘信奉的神很多都三觀不正，私生活混亂，一不小心就在人間「開枝散葉」。當年沒有戶籍制度、DNA 測試，所以幾乎人人都可以和神族或遠古英雄扯上關係。由此看來，裙帶關係是人類一項古老的社交手段。神靈的光環被普及化後，反而縮小了人們出身之間的差距，促成了身分地位的平等。

所以儘管大埃阿斯身分尊貴，屢立戰功，但當他想得到表兄阿基里斯的遺物時，偏偏有些刺頭不買他的賬，比如奧德修斯。

6 阿基里斯的盾牌

阿基里斯遺留下了什麼寶物？一副由天匠赫菲斯托斯打造的神鎧。《伊利亞德》中記載，帕特羅克洛斯借阿基里斯的鎧甲出戰，卻不幸犧牲，鎧甲便被當作戰利品帶回了特洛伊。

阿基里斯聽聞死訊後在海灘上放聲大哭，誓將殺死好友的仇人赫克托爾千刀萬剮。忒提斯趕來安慰愛子，同時又惶恐不已，因有預言稱，一旦赫克托爾被殺，阿基里斯離死亡也就不遠了。難過了半日，寵兒狂魔忒提斯收起了悲傷：就算不能改寫你的命運，至少也要給你置辦一副像樣的裝備！於是她風風火火地跑到天庭，懇求鐵神赫菲斯托斯打造一身舉世無雙的鎧甲。忒提斯人緣極好，當年赫菲斯托斯被自己老媽希拉扔下奧林帕斯山時，忒提斯上去攙扶過他，這雪中送炭的恩情，終於有回報的一日。赫菲斯托斯聽了有關阿基里斯的命運，想法與他母親不謀而合。「即便不能改寫貴公子的命運，也要給他配置一身像樣的裝備。」於是，赫菲斯托斯馬不停蹄地投身這份偉大的事業。

《荷馬史詩》第十八章近一半的篇幅都在描寫這副蓋世無雙的鎧甲，其中有一百多行詩句形容雕刻在盾牌上的圖案。赫菲斯托斯在盾牌上精心雕刻了九個場景，從裡向外：

穹蒼、星辰、萬物
載歌載舞的婚禮
兵臨城下的軍隊
齊心合力的耕夫
豐收、果園、牲畜、牧場、河流

這副「阿基里斯的盾牌」成了西方文學中的一個著名典故。十九世紀的英國文壇出了一位曠世奇才，叫亞歷山大．波普（Alexander Pope），是個妥妥的荷粉，二十五歲時開始翻譯《伊利亞德》。他的英文譯本蒼勁古樸、鏗鏘有力，開頭還帶有親手繪製的盾牌圖案，一出版即引起轟動，此手稿現存於大英圖書館。到了二十世紀，著名詩人威斯坦．休．奧登（W. H. Auden）寫了一首名為《阿基里斯的盾牌》的現代詩，反思奪走千萬條生命的「二戰」。此作品洗去了荷馬的豪邁和輝煌，只剩下對戰爭的焦慮和嘲諷。就這樣，通過歐洲好幾代文藝青年的不斷推送——其中既有傳承也有顛覆——古希臘的文化在跨越了漫長的中世紀後再次閃耀，宛如一位沉寂多年的劍客，一朝重出江湖便一騎絕塵。

7 演講大賽

總之，阿基里斯陣亡後，盟軍中自認最有資格得到寶物的就是大埃阿斯和奧德修斯修斯兩人。可二虎相爭，必有一傷。按理作為三軍統帥，阿伽曼農此時應出面協調，避免自家人傷了和氣。

不幸的是，阿伽曼農恰恰缺乏這方面的意識和才幹。在這個關鍵時刻，他不但沒有維持團結，反而激化了矛盾，真是唯恐天下不亂。

阿伽曼農以盟軍最高領袖的身分提議兩人不如進行公開演說，讓聽眾來裁決。這個主意聽上去很公平，卻害慘了大埃阿斯：奧德修斯是希臘出名的辯論高手，憑他的三寸不爛之舌，連妖魔鬼怪都會被忽悠，更別說是不善言辭的大埃阿斯。不能排除阿伽曼農這項提議是別有用心，因為他的對頭阿基里斯和大埃阿斯是表兄弟，而在他和阿基里斯鬧翻時，奧德修斯則處處向著他。

演講比賽的結果果然毫無懸念。

先是大埃阿斯上臺，他緊張地行了個禮，然後老老實實地把自己的特長講了一遍。

作為一名軍人，我在離開家鄉十年的每個日夜，永遠將自己的職責放在第一位，堅守在戰場的前線，不忘初心，砥礪前行。

大埃阿斯這句話總結了他的所有成就，還有什麼可說的呢？旁邊的隊友著急了，小聲提醒他趕快舉個實例。

他抓了抓腦袋，補充道：對對，沒多久前，特洛伊人殺到海邊的大營，差點一把火將我們的戰艦全數燒毀，當時除了我以外，所有士兵都受了傷。在這個生死關頭，我不顧個人安危，憑一己之力逼退了敵人的瘋狂進攻，挽救了全軍。

一筐金玉良言不如一個活生生的例子，這個回憶殺讓士兵們想起了不久前經歷的那場千鈞一髮的危局，於是台下掌聲四起。

接下來，二號選手奧德修斯登場了。

到底是能說會道的辯手，奧德修斯先不說話，而是露出一個神秘的微笑。待大家屏氣凝神時，他才從容不迫、有條不紊地把自己貢獻過的計謀和策略一一詳述：

1. 當年女神海倫到了婚配年齡，她老爹斯巴達國王丁德拉斯（Tyndareus）決定比武招親。話說這個丁德拉斯也是夠慘的，老婆被宙斯看上，天君化身天鵝將其佔有，生下的海倫由丁德拉斯撫養——真是為他人的風流買單。海倫擇婿的消息一出，全希臘的王親貴族蜂擁而至。因為斯巴達聚集了太多富二代、官二代，丁德拉斯開始擔心局面失控，便求助足智多謀的奧德修斯。我們這位奧德修斯從來都是無利不起早。他對海倫智商過人的表妹潘妮洛碧動了心思。為了讓丁德拉斯同意他娶潘妮洛碧，於是獻出一條計策作為交換，就有了著名的丁德拉斯之誓：在奧德修斯的遊說下，所有爭奪海倫的王子達成一項共識——讓海倫自己選擇，並保證這個幸運之人不受侵犯。因為這個誓言，海倫被拐跑後，老公墨涅拉奧斯才能組團攻打特洛伊。提起這件往事，奧德修斯的潛臺詞是：沒了我，希臘盟軍根本建立不了

2. 當年阿基里斯的母親為了不讓他在戰場英年早逝而將他隱藏在女孩子當中，是奧德修斯略施小計讓他暴露真實身分，並曉以大義，把他拉入了革命隊伍中。潛臺詞：沒有我，天下第一勇士根本不會出山，因為有預言稱，只有阿基里斯的加入，才能保障希臘人順利攻下特洛伊。

3. 當年阿伽曼農得罪了天神阿蒂蜜絲（阿波羅的雙胞胎妹妹，一位很不好惹的女神），導致大軍困在海上無法航行。若要平息阿蒂蜜絲的怒火，阿伽曼農必須將自己的親生

女兒活祭。奧德修斯想出一條對策：他派人送信給阿伽曼農之女，說要將她許配給青年才俊阿基里斯，將她從老家騙到了軍營來送人頭。潛臺詞：沒有我，我們根本無法到達特洛伊。

4.之前，希臘軍隊飽受瘟疫之災，查明原因後，奧德修斯出面跟阿波羅賠禮道歉，並重歸於好（這兄妹倆輪流虐希臘人啊）。潛臺詞：沒有我，整個軍隊都要覆沒。

5.最後，奧德修斯重磅出擊：「以上所說都是次要的。重要的是，我已想到結束這場戰爭的妙招。大家不是都聽過特洛伊城牆堅不可摧、無法攻破嗎？我已經琢磨出一個絕妙的對策。事關機密，暫時不能透露更多，但我以宙斯之名向大家保證，這條計謀可以讓嚴守了十年之久的特洛伊徹底滅亡。」他確實所言不虛，這就是後來大名鼎鼎的木馬計。它奏效時，特洛伊人會自己拆掉城牆，迎木馬進去。聽到這裡，群眾沸騰了，誰不想早點奏凱而歸，與家人重聚？如果前面所說都不夠打動人心的話，那麼這破城之法就是致命的誘惑。所以毋庸置疑，大家都投票給了奧德修斯。

8 沙子裡的匕首

這下大埃阿斯不僅與阿基里斯的鎧甲無緣，而且在眾人面前丟光了顏面。等人群散去後，他獨自一人呆呆地在原地踟躕，眺望著遠處的血色夕陽。恥辱像毒蛇般吞噬著他的心，絕望更像一張大網纏繞著他的人。他腦中的聲音只有一個：就算他一身功勳，就算他再立奇功，今日之事都會成為永遠的笑柄，無論走到哪裡都如影隨形，揮之不去。想到這裡，他痛苦地大吼一聲，抽出隨身的匕首，插在沙子裡，狠狠地撲了上去。利刃頓時將胸口穿透，鮮血如泉水般湧出。

關於這個結局，有不同的版本，有的說大埃阿斯先是瘋了，做了一堆可笑的傻事，清醒之後才了斷自己；也有的說奧德修斯的老幫手兼半個情人雅典娜迷亂了大埃阿斯的意志，導致他一時衝動，釀成了悲劇。總之，一員大將就這樣被徹底葬送：當他征戰多年的身軀砰然倒下時，一個英雄的時代也隨之結束。

兩部不一樣的《伊利亞德》和《奧德賽》，總會讓人有意無意地將主角阿基里斯和奧德修斯做比較。估計欣賞後者的讀者不在少數，畢竟鬥智不鬥勇，玩權謀強過硬碰硬。

但細想奧德修斯做的事情，樁樁件件都是暗中使詐，欺負弱小，沒有一次對抗過強權或挑戰過不公平法則。

比如誆騙阿伽曼農的女兒，使詐將木馬「送」入特洛伊——以至於後來英語有一句諺語「提防希臘人送的禮物」——此外，入了特洛伊城後，奧德修斯大開殺戒，把赫克托爾的稚子從城牆上扔了下去。在以前，英雄的形成來自為人的光明磊落，戰場上的衝鋒陷陣，政治上的真知灼見，對朋友的肝膽相照和對鄉里的照顧。奧德修斯顯然推翻了這個傳統。他成功上位的模式是否意味著人類文明的進步，完全是見智見仁。

相比之下，死去的大埃阿斯和阿基里斯代表的是最純粹的英雄情懷。他們為人開誠佈公，所思所想幾乎可一眼望穿。這份坦誠的背後，是對自我與他人、社會、萬物之間高度契合的渴望，即中國所謂的「天人合一」。與他們相比，奧德修斯卻處處藏有一手，連對至親至愛的枕邊人都猜忌和隱瞞，以至於他的內心深處總有一個角落讓人無法看透。奧德修斯的複雜可能是飽受創傷後的自我保護，又或許是迎合大環境的改變。

無論源於何處，奧德修斯的巧言善辯成了希臘文化推崇的一部分，並在雅典民主時期的後半段格外明顯。當時有群靠嘴皮子發家的政客，他們顛倒黑白，混淆是非，常常把民眾哄得七葷八素，但在華麗言辭的背後卻沒有行動和擔當，真實演繹了什麼叫說的比唱的好聽。接下來便有了讓雅典慘敗的伯羅奔尼薩斯戰爭和對抗馬其頓與羅馬時的一蹶不振。希臘在西元前五世紀後何去何從，敬請關注。

本書前半部之旅就此結尾。

收筆之處，不禁心中落寞，且獻上一行品達的殘句，來紀念歷史天空中已然逝去的英雄人物和事蹟：

天上的星星、
地上的河流
和海中的波濤，
它們晝夜輪轉，
不斷低吟著
你的隕落。

索引

名字	英文	關鍵字	頁碼
神話時期			
宙斯	Zeus	眾神之首、天帝，克洛諾斯與瑞亞之子	22,24,25,26,27,28,29,30,31,32,33,34,35,37,38,39,57,58,67,81,82,83,87,89,91,92,105,106,107,110,115,125,200,208,228,234,246,249,250,265,266,273,278,279
克洛諾斯	Kronos	十二泰坦、蓋婭與穹蒼之子、宙斯之父	23,24,25,32
波賽頓	Poseidon	海神，三叉戟、宙斯二哥	26,37,44,78,86,87,89,95,101,108,109,110,245
黑帝斯	Hades	冥王、隱形帽	26,28,30,31,59,254 26,28,30,31,59,254
希拉	Hera	宙斯之妻、宙斯的姊姊、天后	29,30,33,35,37,39,58,274
狄蜜特	Demeter	大地、豐收女神、四季的由來、宙斯的姊姊	30,31,107
波瑟芬妮	Persephone	狄蜜特之女、黑帝斯之妻	30,31
阿芙蘿黛蒂	Aphrodite	愛神、出生於海之泡沫	32,34,39,40,63,227,228,229,231,241,242,246,271,273
阿瑞斯	Ares	戰神、宙斯之子	33,34
赫菲斯托斯	Hephaestus	火與工匠之神、宙斯之子、殘疾	33,34,274,275
雅典娜	Athena	戰爭與智慧女神、從宙斯的頭顱生出來	34,35,37,39,51,57,87,115,116,120,123,125,131,145,208,280
阿波羅	Apollo	太陽神、樂神，與阿蒂蜜絲為雙胞胎	35,36,52,53,65,67,174,278
阿蒂蜜絲	Artemis	和阿波羅是雙胞胎	32,35,36,107,112,241,246,278
忒提斯	Thetis	海洋女神，阿基里斯之母、珀琉斯之妻	37,38,57,58,59,60,274
珀琉斯	Peleus	凡人，希臘北部塞薩利的國王	38,50,57,59,103
奧林匹亞	Olympia	古希臘舉辦運動會的場地	20,21
奧林帕斯山	Mount Olympus	古希臘眾神居住之地	28,33,58,110,274
厄莉絲	Eris	不和女神、金蘋果	38,59

名字	英文	關鍵字	頁碼
伊里亞德			
伊利亞德	The Iliad	荷馬著，主角是阿基里斯，描寫特洛伊戰爭第十年	37,41,48,49,50,51,52,61,62,63,65,74,78,79,83,97,131,268,274,275,280
荷馬	Homer	兩部荷馬史詩《伊利里德》、《奧德塞》作者。	41,42,43,48,49,50,56,61,65,66,70,72,76,78,82,88,89,91,100,106,107,110,112,114,122,232,235,264,273,275
墨涅拉奧斯	Menelaus	斯巴達國王、海倫之夫	40,112,113,114,278
海倫	Helen	引發特洛伊戰爭、與帕里斯私奔	40,41,55,63,67,112,113,114,130,160,171,231,278
普里阿摩斯	Priams	特洛伊國王	40,43,72,73,74,76,271,272
帕里斯	Paris	特洛伊王子、普里阿摩斯之子	39,40,41,55,63,103,113,271,272
阿伽曼農	Agamemnon	希臘三軍統帥，墨涅拉奧斯的哥哥	40,43,51,52,53,54,55,57,58,61,66,67,68,69,75,76,102,103,113,116,237,276,278,279,280
阿基里斯	Achilles	珀琉斯之子，希臘第一戰神	50,51,52,53,54,55,57,58,59,60,61,62,63,65,66,67,68,69,70,71,72,73,74,75,76,78,97,103,268,269,270,271,272,273,274,275,276,278,279,280,281
赫克托爾	Hector	特洛伊英雄、帕里斯的哥哥	41,59,62,63,64,65,70,71,72,73,74,269,270,271,272,273,274,281
克律塞伊斯	Chryseis	克律塞斯之女，特洛伊戰爭中被希臘俘虜	52,53,68
布里塞伊斯	Briseis	克律塞斯之女，特洛伊戰爭中被希臘俘虜	52,55,57,61,67,68,71
克律塞斯	Chryses	太陽神阿波羅的扈從	52,53
埃阿斯	Aías	特洛伊戰爭中，希臘軍的英雄之一，阿基里斯的表弟	103,273,274,276,277

名字	英文	關鍵字	頁碼
奧德賽			
奧德賽	Odyssey	荷馬著，描寫奧德修斯自特洛伊陷落後返鄉的十年漂泊	38,48,78,79,83,85,88,89,95,101,111,115,117,131,171,268,280
奧德修斯	Odysseus	希臘王子	99,100,101,102,103,104,105,106,107,108,109,110,111,112,113,114,115,116,117,118,119,120,121,122,123,124,125,126,127,128,129,130,131,145,171,272,276,277,278,279,280,281
帕特羅克洛斯	Patroclus	阿基里斯的摯友	66,68,70,71,72,76,268,272,274
狄俄墨德斯	Diomedes	希臘阿爾戈斯王子	80,82
荷米斯	Hermes	人界與神界的信使	72,86,98,106
貝勒羅豐	Bellerophon	呂基亞國王的女婿與接班人	80,81,82
薩爾珀冬	Sarpedon		81,82
希波洛赫斯	Hippolochus		81,82
格勞克斯	Glaucus	父親為希波洛赫斯，祖父為貝勒羅豐	82
卡呂普索	Calypso	海之女神，將奧德修斯困在島上七年	86,105,106,107,108,100
波利菲莫斯	Polyphemus	獨眼巨人，海神波賽頓的兒子	89,91,92,93,94,95,96,101,108,109
喀耳刻	Circe	居住在艾尤島，擅長使用魔藥的魔女	97,98,99,100,101,104,109
特伊西亞斯	Tiresias	死人谷的盲人巫師	100,101,104,253
塞蓮	Siren	半人半鳥的女怪物，用歌聲迷惑水手	96,97,104,109
俄里翁	Orion	獵戶座，波賽頓之子，一名獵人射手	106,107
鐵拉馬庫斯	Telemachus	奧德修斯之子	111,112,113,115,116,117,118,120,123,125,126,128,129
阿特柔斯	Atreus	墨涅拉奧斯之父	114
潘妮洛碧	Penolope	奧德修斯之妻，海倫的表姊	117,118,119,120,121,122,123,124,127,128,129,130,131,278

名字	英文	關鍵字	頁碼
古風時代			
德拉古	Draco	雅典的政治家，制定了殘酷的律法	137,138
梭倫	Solon	雅典民主之父，希臘七賢之一	138,139,140,141,144,151,154
庇西特拉圖	Peisistratus	雅典僭主，最開明有為的君主	142,143,144,145,146,147,148,149,153,180
克里斯提尼	Cleisthenes	奠定希臘民主基石的政治家	149,150
希羅多德	Herodotus	古希臘作家，著有《歷史》一書	41,146,167,168,170,172,173,179,189,196,217,218
亞里斯多德	Aristotle	希臘三哲之一，柏拉圖的學生	148,262,263,266
來古格士	Lycurgus	斯巴達教育制度、軍事培訓創始人	153,154,155
莎芙	Sappho	古希臘女抒情詩人	227,228,229,231,232
森雅	Xenia	古希臘的跨國友好傳統	68,129
彌涅墨斯	mimnermos	詩人	233,234
古典、黃金時代			
阿斯提阿格斯	Astyages	最後一任瑪代國王	168,169,170
蓋吉茲	Gyges	呂底亞國王	170,171,172,173
克羅伊索	Croesus	蓋吉茲後裔，最後一任呂底亞國王	173,174,200
品達	Pindar	古希臘九大抒情詩聖之一	234,235,282
艾斯奇勒斯	Aeschylus	希臘悲劇之父	192,236,237,238,239,240
索福克勒斯	Sophokles	希臘三大悲劇作家之一	236,240,247,255
歐里比底斯	Euripides	希臘三大悲劇作家之一	32,236,240,241,256,259
伯里克里斯	Pericles	雅典黃金時期具有重要影響的領導人	149,233,260,262
艾尼亞斯	Aeneas	羅馬創建者，愛神阿芙蘿和普里阿摩斯表兄的兒子	271
施里曼	Heinrich chliemann	德國業餘考古學者，邁錫尼文明發掘者	42,43,44,45,112
邁錫尼	Mycenae	古希臘青銅時期的文明，由施里曼挖掘出	43,44,45,48,112

名字	英文	關鍵字	頁碼
特洛伊	Troy	古希臘的一個小城邦	29,37,38,39,40,41,42,43,48,51,52,55,58,59,60,62,63,64,65,66,67,71,72,73,75,78,79,80,81,89,90,95,102,103,109,112,113,116,117,118,119,121,160,161,166,199,226,231,268,269,270,271,272,273,274,277,278,279,280,281
米諾斯	Minos	克里特國王	44,45,48
克里特	Crete	米諾斯文明所在地	25,43,44,45,116,122,171
埃文斯	Arthur John Evans	英國考古學家，米諾斯文明發掘者	25,43,44,45,116,122,171
波希大戰			
居魯士	Cyrus	波斯帝國國王	170,173,174,176
大流士	Darius	居魯士之子	176,177,179,180,195
馬鐸尼斯	Mardonius	波斯軍指揮官，大流士的女婿	179,180,213,214,215,216,217,218,219
米太亞德	Miltiades	擊敗波斯大軍的雅典指揮官	183,185,186,187,188,189,190,193,194,213,220,221
菲迪皮德斯	Phidippides	馬拉松戰役中從馬拉松平原跑到雅典的傳訊者	184,185,191,221
薛西斯	Xerxes	亞美尼亞國王，大流士之子	195,196,197,198,203,204,205,210,211,212,213,214,220,221
地米斯托克利	Themistocles	雅典政治領袖	201,202,203,207,208,209,210,212,213,215,221
阿里斯提德	Aristides	雅典政治家，主張培養步兵，與地米斯托克利為政敵	202,215
列奧尼達	Leonidas	斯巴達雙王之一，鎮守溫泉關戰死	202,215
歐里比亞德斯	Eurybiades	斯巴達大將，統領希臘聯盟水軍	207,208,209,210,213
保薩尼阿斯	Pausanias	列奧尼達戰死後，為波斯攝政王	215,216,217,218

高寶書版集團
gobooks.com.tw

新視野 New Window 219
笑史！了不起的古希臘

作　　者　王冬妮
責任編輯　吳珮旻
封面設計　林政嘉
內頁排版　賴姵均
企　　劃　何嘉雯

發 行 人　朱凱蕾
出　　版　英屬維京群島商高寶國際有限公司台灣分公司
　　　　　Global Group Holdings, Ltd.
地　　址　台北市內湖區洲子街 88 號 3 樓
網　　址　gobooks.com.tw
電　　話　(02) 27992788
電　　郵　readers@gobooks.com.tw（讀者服務部）
　　　　　pr@gobooks.com.tw（公關諮詢部）
傳　　真　出版部　(02) 27990909　行銷部 (02) 27993088
郵政劃撥　19394552
戶　　名　英屬維京群島商高寶國際有限公司台灣分公司
發　　行　英屬維京群島商高寶國際有限公司台灣分公司
初版日期　2021 年 2 月

© 王冬妮 2020
本書中文繁體版由王冬妮通過中信出版集團股份有限公司
授權英屬維京群島商高寶國際有限公司臺灣分公司
在中國大陸以外之全球地區（包含香港、澳門）獨家出版發行。
ALL RIGHTS RESERVED

國家圖書館出版品預行編目（CIP）資料

笑史！了不起的古希臘 / 王冬妮著 .-- 初版 . -- 臺北市
: 高寶國際出版 : 高寶國際發行 , 2021.02

面；　公分 . -- (新視野 219)

ISBN 978-986-361-984-0 (平裝)

1. 古希臘　2. 希臘史　3. 通俗作品

740.212　　109021501

凡本著作任何圖片、文字及其他內容，
未經本公司同意授權者，
均不得擅自重製、仿製或以其他方法加以侵害，
如一經查獲，必定追究到底，絕不寬貸。
著作權所有　翻印必究

GOBOOKS
& SITAK
GROUP©